Arbeitsrecht
Buch zum E-Learning

D1706008

Schriftenreihe

www.learn4use.com

Herausgegeben von
Prof. Dr. Karl-Heinz Beißner
Prof. Dr. Peter Kursawe

Prof. Dr. Karl-Heinz Beißner

Professor für Controlling und Personalwirtschaft an der Fachhochschule Ludwigshafen am Rhein – Hochschule für Wirtschaft
Einer der Schwerpunkte der Lehr- und Forschungstätigkeit sind E-Learning- und Blended-Learning-Ansätze; Gesellschafter der Learn4Use GmbH

Prof. Dr. Peter Kursawe

Professor für Wirtschaftsinformatik und Organisation an der Fachhochschule Ludwigshafen am Rhein - Hochschule für Wirtschaft
Beschäftigung mit E-Learning in Ausbildung und Praxis seit 1998; Gesellschafter der Learn4Use GmbH

Prof. Dr. jur. Peter Bellgardt

ist nach Praxistätigkeit im HR-Bereich Professor an der Fachhochschule Ludwigshafen/ Rhein im Studiengang Internationales Personalmanagement und Organisation mit den Schwerpunkten Arbeits- , Sozial- u. Datenschutzrecht sowie als Referent und Autor tätig

† Prof. Dr. jur. Peter Wauschkuhn

war nach langjähriger Tätigkeit in namhaften Wirtschaftsunternehmen als Dozent und Berater bis zu seinem Tode 2003 ebenfalls Professor an der Fachhochschule Ludwigshafen/ Rhein mit den Schwerpunkten Arbeits- und Wirtschaftsrecht

Peter Bellgardt

Arbeitsrecht

Buch zum E-Learning

„Wauschkuhn Arbeitsrecht Online"
http:// recht.learn4use.com

Fälle und Abbildungen
Peter Wauschkuhn †

Learn4Use — Multimediale Weiterbildung in Betriebswirtschaftslehre und Arbeitsrecht

Bibliografische Information der Deutschen Nationalbibliothek :
Die Deutsche Bibliothek verzeichnet diese Publikation in der
Deutschen Nationalbibliografie; detaillierte bibliografische Daten
sind im Internet über http://dnb.ddb.de abrufbar

ISBN 978-3-9811344-0-7

Druck und Verarbeitung : .dd ag Birkach

Vorbemerkung

Der Autor hat nicht den Ehrgeiz gehabt, die große Zahl konventioneller Lehrbücher um ein weiteres zu ergänzen. Darum beschränken sich meine Ausführungen, Erklärungen und Zitate auf ein Konzentrat. Das Fehlen der üblichen Zitate und Fußnoten im Text mag Fachjuristen befremden, von vielen, die als Student bzw. Praktiker auf dem Gebiet des Human-Resource-Managements erste Schritte in der Materie des Arbeitsrechts gehen, wird es als Verschlankung begrüßt werden. Die Schrift ist kein Lehrbuch des Arbeitsrechts für Juristen, sondern einer Einführung für solche, die mit Personalfragen zu tun haben und in ihrer Ausbildung vom Arbeitsrecht bisher wenig gehört haben. Daher wird das Arbeitsrecht an Hand leichtverständlicher Fälle aus dem betrieblichen Alltag dargelegt, die weitgehend auf die Rechtsprechung des Bundesarbeitsgerichts zurückgehen.

Als Ergänzung zu diesem Buch wird das E-Learning-Programm „Wauschkuhn Arbeitsrecht Online" empfohlen, welches zusätzlich zum Buch erworben werden kann (für Details S. 9). Mit diesem Programm kann der Leser seine Kenntnisse vertiefen und vor allem in zahlreichen Fallsituationen anwenden – mit direktem Feedback zu der gewählten Lösung.

Für die tatkräftige Unterstützung bei der Herstellung des Manuskripts und Bearbeitung der Abbildungen sowie die redaktionelle Durchsicht bedanke ich mich bei Frau Bettina Andrae.

Viel Erfolg und hoffentlich auch ein wenig Spaß bei der Arbeit mit Buch *und* Lernprogramm!

Bad Soden im Oktober 2008   Peter Bellgardt

Anleitung

zur optimalen Kombination dieses Buches mit dem Lernprogramm

Wauschkuhn Arbeitsrecht Online http://recht.learn4use.com

Die Ausführungen in diesem Buch sind ein Konzentrat, das vor allem schnelle Fortschritte ermöglicht und einen guten Überblick gibt. Wer das Arbeitsrecht umfangreicher und detaillierter kennen lernen will, sollte ergänzend das Lernprogramm unter Nutzung der multimedialen didaktischen Hilfen chronologisch von Kapitel 1 bis 11 - von der *Einstellung* von Personal bis zum *Betriebsrat* - durcharbeiten.

Das Bindeglied zwischen Buch und Programm stellen die **eingestreuten Praxisfälle** dar, die jeweils die im durchgearbeiteten Kapitel angesprochenen Probleme veranschaulichen. Bewusst wurde im Buch auf einen Abdruck der Lösung verzichtet. Im Lernprogramm werden Lösungsalternativen angeboten und je nach angekreuzter Lösung individuell kommentiert. Damit ermöglicht das Lernprogramm, das arbeitsrechtliche Denken zu trainieren – und immer direkt ein Feedback zu erhalten. Außerdem wird man feststellen, dass die Fälle im Buch nur einen Teil der im Lernprogramm erwähnten darstellen.

In der Titelzeile jedes Falles im Buch findet sich der Hinweis auf das Hauptkapitel, Unterkapitel und den Buchstaben, unter dem der Fall im Lernprogramm http://recht.learn4use.com leicht gefunden werden kann.

> **z. B.**:   Fall *"Blauer Aschermittwoch"* AR-4.2 A bedeutet:
> Kapitel 4 Pflichtverletzungen des Arbeitnehmers
> Abschnitt 4.2. Ausbleiben der Arbeitsleistung
> A erster von 2 Fällen (A + B)

Zur Schnellsuche der Lösung ruft man das Lernprogramm auf, klickt im Hauptmenü (links) auf **web-Box Arbeitsrecht**, dort zu Kapitel 4, klickt nach dem Öffnen des Untermenüs 4.2 an. Schon hat man rechts den Inhalt des Unterkapitels in der Übersicht, darunter auch die Fälle - am Namen erkennbar auch „Blauer Aschermittwoch" - mit Lösungsalternativen und Vertiefung bei Bedarf. Ebenso kann man im Untermenü 4. "Alle Fälle" anklicken und diese chronologisch über die blauen Pfeiltasten rechts oben ansteuern.

Durch farblich unterlegte Links im Text hat man direkten Zugriff auf eine **Datenbank** mit Begriffserklärungen, Legaldefinitionen (blau) und den neuesten Gesetzestexten (rot) unterlegt.

Stößt man beim Anschauen der Falllösung bzw. Vertiefung auf grundlegende Erkenntnisprobleme, sollte man **„Wissen Kompakt"** im jeweiligen Kapitel anklicken. Anhand der auf dem Bildschirm erscheinenden Erklärungen, Übersichten und ggf. Mustertexte sollte einem der Zusammenhang schnell wieder ins Bewusstsein gelangen. Sollte es im Hinblick auf die Problematik allerneueste Entwicklungen - zum Beispiel ein Gesetzesvorhaben der Bundesregierung und/oder Urteile oberster Bundesgerichte bzw. des Europäischen Gerichtshofs - gegeben haben, führt ein Blick unter **„Aktuelle Meldungen"** im Hauptmenü links öfters zum Ziel.

Außer über den kapitelweisen Zugang zur web-Box Arbeitsrecht kann man im gesamten System mittels der **Suchfunktion** (Logo: Taschenlampe links im Hauptmenü) navigieren. Sie funktioniert wie klassische Suchmaschinen, in dem man den gesuchten Begriff im dafür vorgesehenen Feld einträgt. Falls vorhanden, wird eine Liste von relevanten Bildschirmseiten bzw. Fällen angezeigt. Durch einen Klick kann man dann direkt die Ziele ansteuern, die einem interessant erscheinen.

Die Fälle, Lösungen und Vertiefungen lassen sich natürlich ausdrucken und bilden so Ergänzungsmaterialien zum Buch für den, der alles gern schwarz auf weiß besitzt.

Herausgeber und Autor wünschen viel Erfolg bei Nutzung der Möglichkeiten des Gesamtkonzepts Blended-Learning.

Wie bekomme ich meinen Zugang zum Lernprogramm Wauschkuhn Arbeitsrecht Online im Internet?

Möglichkeit 1: Sie haben beim Buchkauf bereits einen Zugang zum Lernprogramm erworben. Gehen sie bitte in folgenden Schritten vor:

1. Auf der letzten Umschlagseite dieses Buches finden Sie einen sogenannten eCoupon. Dieser besteht aus einer Folge von Ziffern und Buchstaben.

2. Benutzen Sie einen Computer mit Internet-Zugang, und besuchen Sie die Internet-Seite http://service.learn4use.com

3. Folgen Sie dort der Anleitung zur Eingabe des eCoupons. Sie benötigen dazu eine gültige E-Mail-Adresse, an die Ihnen Ihre Zugangsdaten zu Wauschkuhn Arbeitsrecht Online gesendet werden

4. Sobald Sie die E-Mail mit den Zugangsdaten erhalten (die Daten werden in der Regel sofort versandt), können Sie Wauschkuhn Arbeitsrecht Online benutzen

5. Ihr Zugang ist ab dem Tag der Einlösung des eCoupons für die erworbene Dauer (z.B. sechs Monate) gültig

6. Sollten Sie Probleme mit der Einlösung des eCoupons haben, senden Sie bitte die Nummer des eCoupons mit einer kurzen Beschreibung des Problems per E-Mail und mit einem gültigen E-Mail-Absender an die E-Mail-Adresse support@learn4use.com

Möglichkeit 2: Sie haben bisher nur das Buch gekauft und möchten den Zugang zusätzlich erwerben (variabel von 3 Tagen bis zu 6 Monaten möglich). Gehen sie bitte in folgenden Schritten vor:

1. Gehen Sie auf die Internetseite http://www.learn4use.com. Dort wählen Sie den Punkt „Programmzugang erwerben" und folgen den Anweisungen dort. Die Bezahlung erfolgt über paypal.

2. Nachdem Sie den Zeitraum gewählt haben, ihre Kontaktdaten eingegeben haben und der Bezahlvorgang abgeschlossen ist, erhalten sie per E-Mail die Zugangsdaten zum Programm „Wauschkuhn Arbeitsrecht Online".

3. Sobald Sie die E-Mail mit den Zugangsdaten erhalten (die Daten werden in der Regel sofort versandt), können Sie Wauschkuhn Arbeitsrecht Online benutzen

4. Sollten Sie Probleme beim Zugang haben, senden Sie bitte per E-Mail eine kurze Beschreibung des Problems und mit einem gültigen E-Mail-Absender an die E-Mail-Adresse support@learn4use.com

Wir wünschen Ihnen viel Freude und Erfolg bei der Arbeit mit Wauschkuhn Arbeitsrecht Online.

Gliederung

Abkürzungsverzeichnis

Abdg	Abbildung
AGG	Allgemeines Gleichbehandlungsgesetz
ArbG	Arbeitgeber (in den Abbildungen AG)
ArbGG	Arbeitsgerichtsgesetz
ArbN	Arbeitnehmer (in den Abbildungen AN)
ArbZG	Arbeitszeitgesetz
AZ	Arbeitszeit
Art.	Artikel Grundgesetz
AU	Arbeitsunfähigkeit
AÜG	Arbeitnehmerüberlassungsgesetz
BAG	Bundesarbeitsgericht
BetrR	Betriebsrat (in den Abbildungen BR)
BetrVG	Betriebsverfassungsgesetz
BGB	Bürgerliches Gesetzbuch
BRM	Betriebsrat-Mitglied
BSG	Bundessozialgericht
BUrlG	Bundesurlaubsgesetz
BV	Betriebsvereinbarung(en)
BVerfG	Bundesverfassungsgericht
bzw.	Beziehungsweise
DGB	Deutscher Gewerkschaftsbund
d.h.	das heißt
EFZG	Entgeltfortzahlungsgesetz
etc.	et cetera
EU	Europäische Union
EuGH	Europäischer Gerichtshof
evtl.	Eventuell
EWG	Europäische Wirtschaftsgemeinschaft
ff.	Fortfolgende
Gem.	Gemäß
GG	Grundgesetz
Gew	Gewerkschaft
ggf.	Gegebenenfalls
i. E.	im Einzelnen

i.d.R	in der Regel
i.e.S.	im engeren Sinne
i.S.	im Sinne
i.S.d.	im Sinne des
i.S.v.	im Sinne von
Insb.	insbesondere
KSchG	Kündigungsschutzgesetz
LAG	Landesarbeitsgericht
MuSchG	Mutterschutzgesetz
NZA	Neue Zeitschrift für Arbeitsrecht
o.e.	oben erwähnt
S.	Satz
s.a.	siehe auch
s.o.	siehe oben
s.u.	siehe unten
SGB	Sozialgesetzbuch (Teile I - IX)
TV	Tarifvertrag
TZ	Teilzeit
TzBfG	Teilzeit- und Befristungsgesetz
u.	Und
u.a.	unter anderem
u.U.	unter Umständen
vgl.	vergleiche
z. B.	zum Beispiel
Ziff.	Ziffer

Abbildungsverzeichnis

Einführung

1. Begriff und Herleitung des Arbeitsrechts

Das Arbeitsrecht ist das Sonderrecht für Arbeiter und Angestellte, die in einem privatrechtlichen Dienstverhältnis beschäftigt sind. Dreh- und Angelpunkt für die Anwendbarkeit der Gesamtheit der gesetzlichen Vorschriften des Arbeitsrechts ist die Erfüllung der Voraussetzungen des **Arbeitnehmerbegriffs**.

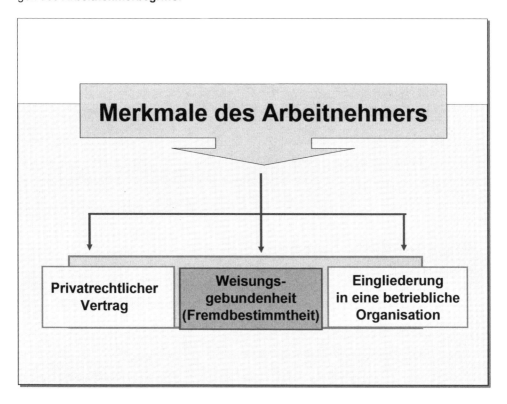

Abbildung 1: Merkmale des ArbN

Damit der Einzelne die Schutzrechte für sich in Anspruch nehmen kann, muss er:

- **weisungsgebunden** und hinsichtlich Zeit, Art, Ort seiner Tätigkeit fremdbestimmt sein

- **eingegliedert** in eine fremde **Betriebsorganisation** und dadurch sachlich und organisatorisch bei der Arbeitsausführung unselbständig, d.h. persönlich abhängig sein.

Nicht genügend für die Anwendbarkeit des Arbeitsrechts ist eine bloße wirtschaftliche Abhängigkeit (allerdings handelt es sich um ein Indiz von mehreren); insofern fallen Selbständige insb. Handwerker - auch wenn sie nur für 1 Auftraggeber tätig sind - nicht unter das Arbeitsrecht.

Aus der Abhängigkeit resultiert ein **Defizit an Gleichheit und Teilhabe.** Der einzelne Arbeitnehmer (ArbN) kann - wie die Rezessionsphasen gezeigt haben - zum Objekt von Entwicklungen werden, die er weder steuern noch beeinflussen kann. Die Verwertung der "Ware Arbeitskraft" am Arbeitsmarkt unterliegt Mechanismen, die den Einzelnen in stärkste soziale und persönliche Bedrängnis führen können.

Von diesem Ausgangspunkt her kann man - auch ohne ideologische Brille - von einem **Durchsetzungsdefizit** zwischen ArbN und Arbeitgeber (ArbG) sprechen. Das Arbeitsrecht will helfen:

- einerseits dieses Ungleichgewicht zu kompensieren und auch am Arbeitsplatz gemäß dem Menschenbild des Grundgesetzes die Achtung und den Schutz der Persönlichkeit des Einzelnen zu gewährleisten und

- andererseits Rahmenbedingungen für einen geordneten Betriebsablauf sicherzustellen, insbesondere die friedliche Beilegung von Konflikten um Entgelt, Gesundheitsschutz und Arbeitsplatzabbau (als besonders risikoträchtige Bereiche) zu gewährleisten.

Letztlich geht es also um einen
Kompromiss zwischen Humanisierung und Gewinnmaximierung!

Die von den Gewerkschaften seit ihrem Erstarken im letzten Jahrhundert erhobene Forderung nach einem Sonderrecht für Arbeitnehmer hat sich erst nach Ende des 1. Weltkrieges in konkreten arbeitsrechtlichen Gesetzen niedergeschlagen:

- Bis in das 18. Jahrhundert hinein galt eine „**sachenrechtliche**" Lösung: In der feudalen Grundordnung wurden Knechte und Mägde gleich dem Inventar auf den Landgütern behandelt, unterfielen also dem Eigentumsrecht des Grundherrn.

- In Preußen gab es eine „**gesellschaftsrechtliche**" Lösung unter Verabsolutierung der Gewerbefreiheit: Der Fabrikherr (genau wie der Gutsherr) beschäftigte „Tagelöhner" zu formal frei vereinbarten (tatsächlich aber einseitig diktierten) Bedingungen. Einschränkungen erfolgten ab ca. 1850 durch die Gewerbe-Ordnung, die Mindeststandards für Lebens- und Gesundheitsschutz vorsah.

- Von Inkrafttreten des BGB im Jahre 1900 bis 1918 galt das **"Dienstvertragsrecht"** für alle Beschäftigungsverhältnisse gleichermaßen.

Der skizzierte historische Entwicklungsprozess spiegelt die Umsetzung der Erkenntnisse der französischen Revolution und zugleich deren Unzulänglichkeit wider: Durch formal **gleiche** Rechte allein (infolge derer Abschluss- und Vertragsfreiheit im BGB für alle gewährleistet ist) wird noch keine tatsächliche **Gerechtigkeit** bewirkt. Arbeitnehmer im engeren Rechtssinne müssen auch gleiche Durchsetzungschancen erhalten.

Nach dem 2. Weltkrieg, unter dem Eindruck des solidarisch von ArbG und Gewerkschaften gemeisterten Wiederaufbaus der deutschen Wirtschaft, wurde ein **breit und tief gestaffeltes gesetzliches System sozialer Absicherung und materiell verstandener Verteilungsgerechtigkeit** geschaffen, das seinen Höhepunkt in der Gesetzgebungsflut auf dem Gebiet des Arbeitsrechts während der ersten SPD/FDP Regierungskoalition ab 1969 fand.

Das mittlerweile erreichte **Niveau arbeitsrechtlicher Normierung** ist vielfach sachlich kritisiert, mitunter auch als Regulierungswahn verunglimpft worden. Nicht von der Hand zu weisen ist, dass gut gemeinter „Schutz zur Strafe" mutieren, sich also in sein Gegenteil verkehren kann, wenn nämlich bestehende Alternativen genutzt und Umgehungsentscheidungen – z. B. bei der Wahl von Produktionsstandorten im Ausland durch deutsche Unternehmen – getroffen werden.

Die Frage der richtigen Umsetzung des **Sozialstaatsgebots** des Grundgesetzes und damit der Regelungsbreite und Eindringungstiefe des Arbeitsrechts in unternehmerische Entscheidungen sind stark interessengeprägt. Amerikanische Managementtheoretiker halten das für **Sozialromantik** und sehen unsere Rechts- und Sozialordnung als „Minen" auf dem Betätigungsfeld des freien Unternehmertums. Auflagen z. B. für Betriebsschließungen seien prinzipiell negativ und mit allen Tricks zu umgehen; falls dies nicht möglich sei, müsse man ein Engagement in den Sozialstaaten des europäischen Kontinents generell in Frage stellen. Das **Menschenbild** (Art. 1 GG) und die **Eigentumsgarantie** (Art. 14 I) des **Grundgesetzes** - das die Sozialbindung in Art. 14 Absatz 2 sogleich mit erwähnt - machen deutlich, dass eine Unterordnung der Gesellschaft und des sie tragenden Individuums unter das Gebot der Funktionsfähigkeit der Wirtschaft trotz aller Sachzwänge globalisierter Beziehungen nicht infrage kommt.

Umgekehrt sind Unternehmen und eine funktionierende Wirtschaft auf Voraussetzungen angewiesen, die von ihr selbst nicht geschaffen werden können. Aus Politik und Gesellschaft heraus müssen Steuerungsinstrumente bereitgestellt werden, die eine gewaltfreie Konfliktlösung und das Zusammenleben bzw. Zusammen-„arbeiten" gewährleisten. Bei Investitionsentscheidungen wird das Primat der Politik ganz selbstverständlich berücksichtigt, tritt als solches aber gar nicht in Erscheinung, sondern ist eingebettet in streng wirtschaftliches Kalkül wie „attraktiver Markt, stabile Kundenbeziehungen, Wachstumspotentiale".

2. Abgrenzung: Arbeitnehmer / Selbständige

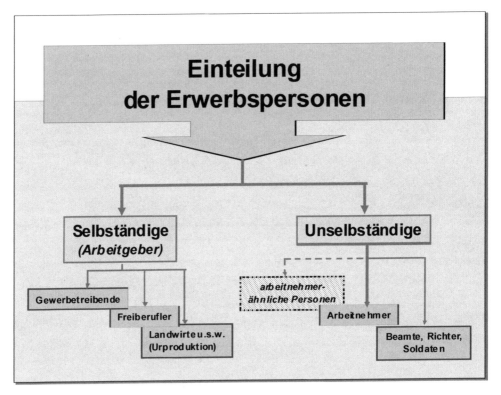

Abbildung 2: Einteilung der Erwerbspersonen

An die Stelle der Produktionswirtschaft tritt vielfach die „Ideenökonomie". Der Unternehmer der Zukunft ist nur noch Ideen-Entwickler und Vertriebsspezialist: Er hat die zündende Idee, entwickelt Design und Fertigungslogistik und vermarktet das fertige Ergebnis (Output- statt Input-Flexibilisierung). Eingekauft und produziert wird dort, wo die idealen Standortbedingungen und die niedrigsten Kosten für Kapital, Know-how und Arbeit sind („Global-Sourcing" = Nike Sportartikel). Am billigsten ist es dort, wo arbeitsrechtliche Regeln nicht vorhanden sind und Sozialdumping betrieben wird.

Ein **Selbständiger** bzw. **freier Mitarbeiter** kann die Umstände und Bedingungen seiner Arbeit, insbesondere die Arbeitszeit, selbst bestimmen, er ist im wörtlichen Sinne „sein eigener Herr". Vielfach ermuntert ein wirtschaftlich starker Unternehmer dritte Personen, sich selbständig zu machen. Für die wirtschaftliche Förderung, insbesondere die Vergabe von Aufträgen, muss der Dritte bestimmte Bedingungen erfüllen. Sind diese Bedingungen so geartet, dass der „Selbständige" praktisch fremdbestimmt ist (**„Schein-Selbstständigkeit"**), rückt der Unternehmer in die Arbeitgeberstellung ein (es gilt das gesamte Arbeits- und Sozialrecht und zwar für vier Jahre rückwirkend!). Die gewählte Bezeichnung in irgendwelchen Abmachungen (Werkvertrag, „freier Unternehmer") ist irrelevant. Die *wirtschaftliche Abhängigkeit* und praktische Dominanz von einem Stärkeren allein reicht für die Annahme von „Schein-Selbstständigkeit" nicht aus.

Fall "Der verselbständigte Kranführer": AR-1.3 A

> Die Ferro-Montage-GmbH, will ihren Betrieb schlanker und kostengünstiger organisieren. Deshalb hat sie mit dem bisher als Arbeitnehmer beschäftigten Kranführer Krüger zunächst die Aufhebung seines Arbeitsvertrages vereinbart und anschließend mit ihm einen Vertrag als freiem Mitarbeiter (Ein-Mann-Unternehmer) über die regelmäßige Durchführung von Krandienstleistungen geschlossen. Der neue Vertrag beinhaltet unter anderem die mietweise Überlassung eines Kranes der GmbH an Krüger.
>
> *Frage: Wird dadurch die Anwendung des Arbeitsrechts vermieden?*

3. Rechtsquellen, Rangordnung

Gegenstand des Arbeitsrechts

Das Arbeitsrecht schützt vor allem vor:

- Ausbeutung beim Entgelt

- Beeinträchtigung von Leben & Gesundheit

- sozial ungerechtfertigtem Arbeitsplatzverlust

- Beeinträchtigung des grundlegenden Persönlichkeitsrechts Art. 1 GG „Würde des Menschen"

Einteilung des Arbeitsrechts

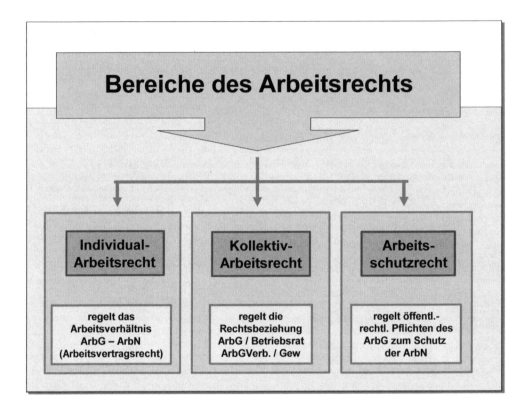

Abbildung 3: Bereiche des Arbeitsrechts

Die Korrektur erfolgt durch zweierlei Ansätze:

- Gesetzliche **Verbote** belastender und **Gebote** begünstigender Regelungen, die als Mindeststandards vorgegeben und sozusagen in die Waagschale zugunsten des einzelnen ArbN geworfen werden ➢ **Individualarbeitsrecht**

- Interessenvertretungen, die dem Einzelnen zum Zweck von Rat und Tat an die Seite gestellt werden und die auch gemeinsam Rechte ausüben und durchsetzen können ➢ **Kollektivarbeitsrecht**

Daneben hat der Sozialstaat u.a. im Sozialgesetzbuch I – XI eine Fülle von **Arbeitsschutzvorschriften etabliert.**

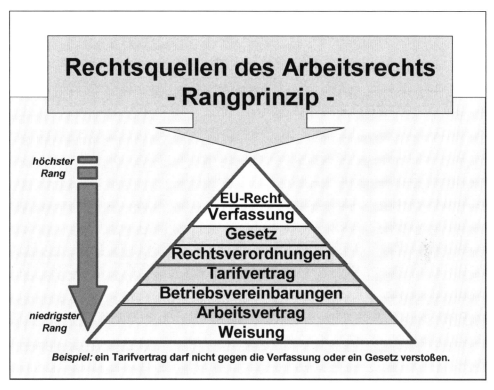

Abbildung 4: Rechtsquellen des Arbeitsrechts

Seit 1918 ist eine Flut von arbeitsrechtlichen Vorschriften zu beobachten. Nicht alle Rechtsquellen sind gleich wichtig, sondern es besteht eine **Rangordnung** nach Bedeutung und
Stärke, die sich als **Pyramide** darstellen lässt.

- Das Grundgesetz (Verfassung) ist die Grundordnung, relevant sind insbesondere:

  Art. 1 Arbeitnehmerseite   ➤ Allgemeines Persönlichkeitsrecht

  Art. 2 ArbN/ArbG   ➤ Handlungsfreiheit

  Art. 14 I Arbeitgeberseite   ➤ Eigentumsgarantie

  Art. 14 II Allgemeinwohlverpflichtung   ➤ Sozialpflichtigkeit

- Ein (formelles) **Gesetz** ist eine parlamentarisch zustande gekommene Regelung, die
  für eine unbestimmte Vielzahl von Fällen gilt; jeder Bürger ist zur Beachtung verpflichtet. Dies können Bundes- aber auch Landesgesetze sein.

- Ein **Tarifvertrag** hat ebenfalls normative d.h. gesetzesgleiche Wirkungen, allerdings nur unter Tarifpartnern der Branche (Beitritt zu Gewerkschaft einerseits, Arbeitgeberverband andererseits erforderlich) und auf Zeit (Friedenspflicht nur bis Fristablauf und Neuverhandeln).

- **Betriebsvereinbarungen** haben ebenfalls normative Wirkungen (§ 77 II BetrVG), aber nur für ein Unternehmen und seine Mitarbeiter mit betriebsnahem Regelungsgehalt (z. B. Arbeitsordnung). Sie werden ausgehandelt wie ein Vertrag.

- Der **Arbeitvertrag** ist eine nur den Einzelarbeitnehmer und ArbG bindende individuelle Regelung, die im Rahmen der bestehenden Vertragsfreiheit auf den Einzelfall zugeschnitten werden kann.

- Das **Weisungs-(Direktions-)recht** des ArbG betrifft Art, Ort und Zeitpunkt der Leistungserbringung und kann einseitig ausgeübt werden. Es trägt der Tatsache Rechnung, dass sich die Arbeitspflichten kaum je genau fixieren lassen und wegen des Charakters als "Dauerschuldverhältnis" Änderungen unterworfen sind (siehe unten: Grenzen des Direktionsrechts).

Die **Geltungskraft** ist in der Pyramide oben am stärksten, die **Regelungsbreite** - also die praktische Bedeutung im Betriebsalltag - ist umgekehrt unten am umfangreichsten (= Rangprinzip). Zum Beispiel können ein verfassungswidriges Gesetz, ein gesetzeswidriger TV, ein tarifwidriger Arbeitsvertrag, eine vertragswidrige Einzelweisung angreifbar oder sogar unwirksam sein.

Zur Auflösung der **Regelungskonkurrenz**:
Üblicherweise sind die ranghöheren Vorschriften weit gefasst, sodass die rangniedrigeren Rechtsquellen nur eine **Konkretisierung** darstellen.
Ein Beispiel für die gleichzeitige Geltung verschiedener Rechtsquellen nebeneinander **ist die Urlaubsregelung**:

- GG Art. 48 Urlaub zum Wahlkampf + Mandatsausübung

- Bundesurlaubsgesetz/LandesWeiterbildungsGesetz

- Tarifvertrag z. B. § 12 Chemie-TV

- Betriebsvereinbarung über Werksferien und/oder Betriebsruhe

- z. B. Einzel-Zusage unbezahlten Urlaubs

- Weisung, im Nachfrage-Tief angesparte Zeitguthaben abzufeiern

Fall „Im Normengestrüpp": AR-1.13 A

> In Ihrer Abteilung sollen Sie einen Streit schlichten: die Personalstelle wirft einem Ihrer Sachbearbeiter, Herrn Mohr, vor, während der Dienstzeit einen Arzt wegen einer Vorsorgeuntersuchung aufgesucht zu haben, obwohl die Betriebsordnung Arztbesuche während der Arbeitszeit nur in "dringenden Fällen" zulässt. Herr Mohr beruft sich auf den einschlägigen Tarifvertrag, der Arztbesuche während der Arbeitszeit ohne besondere Beschränkungen erlaubt.
>
> *Frage: Hat sich Herr Mohr untadelig verhalten?*

Eine Durchbrechung des Rangprinzips kann durch das **Günstigkeitsprinzip** erfolgen. Ausnahmsweise können rangniedrigere Regelungen vorgehen, wenn sie **günstiger** sind. Dies ist häufig der Fall im Verhältnis Gesetz — Tarifvertrag. Hierbei ist der **Maßstab** umstritten: *Nicht subjektiv individuell* nach Wertung des einzelnen betroffenen ArbN, sondern eine Durchschnittsbetrachtung unter Gesamtbewertung aller sachlich im Zusammenhang stehenden Regelungen ist erforderlich.

Weitere Rechtsgrundsätze mit Bindungswirkung:

- Auch eine vorbehaltlos praktizierte **"betriebliche Übung"** kann Rechtsansprüche erzeugen, meist im Bereich freiwilliger sozialer Leistungen. Dazu ist ein Vertrauenstatbestand erforderlich (i.d.R. dreimalige vorbehaltslose Leistung bei im Wesentlichen gleich bleibenden Verhältnissen -> z. B.: Weihnachtsgeld).

- Schließlich ist noch die **Gleichbehandlungspflicht** des ArbG zu nennen, die im Einzelfall der/dem Diskriminierten Ansprüche vermitteln kann (Betriebsrenten auch für TZ-Beschäftigte). Es reicht aber nicht jede unterschiedliche Behandlung aus, sondern nur eine, die durch sachliche Gründe nicht gerechtfertigt ist. **"Willkür"** muss vermieden werden.

  Beispiel: Tüchtigen ArbN dürfen Leistungszulagen gezahlt werden, Neueintritte in einer Rezessionsphase müssen Gehaltseinbußen dulden.

Bedeutung des Rechts der Europäischen Union

Die Rechtsetzungstätigkeit der EU hat 1975 erstmals das Arbeitsrecht erfasst, inzwischen gibt es viele Richtlinien auf den Gebieten Sozialpolitik, insbesondere Gesundheitsschutz und Arbeitsplatzsicherung, die das Arbeitsrecht der Europäischen Union bilden. Hinzu kommen die Europäische Sozialcharta, die Europäische Menschenrechtskonvention und das Übereinkommen der Internationalen Arbeitsorganisation IAO.

Regelungen betreffen z. B. Gleichbehandlung von Mann und Frau, Nachweisgesetz, Betriebsübergang und Umwandlung, Euro-Betriebsräte, Bildschirmarbeitsplätze, Arbeitnehmer-Datenschutz.

Es gibt drei Formen verbindlicher Rechtsakte der EU (Art. 189 EU-Vertrag)

- Eine Verordnung ist eine unmittelbar und zwingende Regelung für einen abstrakten (d.h. nicht abschließend bestimmten) Personenkreis

  Beispiel: Agrar-Marktordnung

- Eine Richtlinie ist an die Mitgliedsstaaten gerichtet, und prinzipiell nur hinsichtlich des Zieles, nicht aber der Regelungsinstrumente und -mittel verbindlich. Sie ist das am häufigsten angewandte Regelungsinstrument, da sie die Berücksichtigung nationaler Eigenheiten in einem Transformationsgesetz ermöglicht. Dabei kann auch ein höherer Schutz-Level realisiert werden, das EG-Recht enthält nur Mindestregelungen. Jede Richtlinie enthält eine Umsetzungsfrist.

  Beispiel: Antidiskriminierung im Arbeitsverhältnis

- Eine Entscheidung ist eine unmittelbare und zwingende Regelung für einen Einzelfall.

  Beispiel: Sanktionen wegen verbotener Subventionen an nationale Unternehmen

Jeder Rechtsetzungsakt bedarf im Prinzip einer **Einzelermächtigung** aus dem **EU-** (insbesondere Maastrichter) **Vertrag** (= Kompetenznorm), in der die Art des Rechtsaktes und das Verfahren (Ministerrat, Anhörung oder Zustimmung des Europäischen Parlaments) beschrieben ist. Allerdings sind diese häufig wieder Generalklauseln (z. B. Art. 100 und 235). Künftig sollen die Zuständigkeiten in der **EU-Verfassung** präzise und transparent geregelt werden. Es gibt dazu einen Entwurf, den z. B. Deutschland und andere Mitgliedsländer auch ratifiziert haben. Auf Grund der negativen Volksabstimmungen in Frankreich und Holland liegt er aber auf Eis.

Der **Europäische Gerichtshof** (Organ der EU) hat das Auslegungsmonopol für das Primär- und Sekundär-EU-Recht. Er legt dieses weit aus und hat Rechtsfortbildung insbesondere in zwei Richtungen betrieben:

- nach Ablauf der Umsetzungsfrist nicht in das nationale Recht transformierte Richtlinien sollen für den Bürger unmittelbar gelten

  Beispiel: Pauschalreisen Luftverkehr

- bei fehlerhafter oder unterbliebener Umsetzung soll der Nationalstaat dem Einzelnen Schadensersatz leisten

  Beispiel: Diskriminierung weiblicher Arbeitsplatzbewerber

4. Bedeutung der Rechtsprechung

Der Arbeitsrichter differenziert und wägt Interessen gerecht ab; er tut dies unter Würdigung des konkreten Einzelfalls ohne Ansehen der Person. Würden die Bürger nicht mehr glauben, dass sie etwas bewirken können und sich allein gelassen fühlen, weil weder der Gesetzgeber noch die Gerichte helfen, entstünde **Chaos**. Eine auf engem Raum zusammenlebende, arbeitsteilige Gesellschaft ist verwundbar

> Beispiel: Traktor-/ LKW-Blockade am Ferien-Samstag rund um Hamburg, Frankfurt, München.

Daher kommt den Gerichten durch die Auslegung und Anwendung des geschriebenen Rechts eine friedensstiftende Funktion zu. Um alle Bereiche des Arbeitslebens abzudecken, sind die Formulierungen in den Arbeitsgesetzen i.d.R. auf einem sehr hohen **Abstraktionsniveau**. Das heißt, es häufen sich *Generalklauseln* ("sozial ungerechtfertigt"), *unbestimmte Rechtsbegriffe* ("unbillig, treuwidrig") sowie wertausfüllungsbedürftige Interessenabwägungen ("berechtigte Interessen des Betroffenen ←→ schutzwürdige Belange des ArbG").

Naturgemäß erlangt damit die Rechtsprechung besondere Bedeutung, d.h. sie **interpretiert** die **unbestimmten Rechtsbegriffe** und füllt sie dabei mosaikartig an Hand der entschiedenen Fälle mit Gehalt. Ein besonderes Verdienst kommt dem BAG und insbesondere dem BVerfG dort zu, wo sie Grundregeln für Bereiche entwickelt haben, die die Legislative aus sozialpolitischen Gründen bisher zu gestalten nicht in der Lage war (z. B. Regeln zum Streik).

Nicht auszuschließen waren und sind Überraschungen in dem Sinne, dass eine lange Zeit akzeptierte Praxis im Lichte eines besonderen, mehr oder minder zufällig zur Entscheidung anstehenden Einzelfalles plötzlich für unzulässig erklärt wird

> Beispiel BAG: Das Bundesarbeitsgericht hatte jahrzehntelang die Frage nach der Schwangerschaft im Bewerbergespräch als zulässig erachtet, weil dem Arbeitgeber durch Auflagen des Mutterschutzgesetzes und die bezahlte Freistellung vor und nach der Geburt erhebliche wirtschaftliche Einbußen entstehen würden.

> Aufgrund des Inkrafttretens einer EU-Richtlinie, die bereits die „mittelbare" Diskriminierung aufgrund des Geschlechts verbat (d.h. nicht nur die absichtlich gewollte, sondern auch die als Folge unterschiedlicher physischer Eigenschaften eintretende), ließ das BAG die Frage generell nicht mehr zu, machte jedoch eine Ausnahme im Sinne der bisherigen Rechtsprechung, falls sich ausschließlich weibliche Bewerberinnen in der Auswahl befanden. Auf das faktische Problem aufmerksam gemacht, dass die einzelne Bewerberin gar nicht in der Lage sei, zu erkennen mit wem zusammen sie sich noch in der Auswahl befände, änderte das BAG wiederum seine Rechtsprechung und hält jetzt ohne Ausnahme die Frage für gänzlich unzulässig.

Teil 1: Individualrechtliche Probleme

I. Arbeitsvertrag

Es handelt sich um ein:

- vermögensrechtliches **Austauschverhältnis**, das im Kern durch Arbeit gegen Entgelt bestimmt ist

- **Dauer**schuldverhältnis, d.h. es ist in der Regel unbefristet

- personenrechtliches **Gemeinschafts**verhältnis, d.h. Leistung ist „in personam" zu erbringen, daher ist es unvertretbar und mit dem Tode automatisch beendet

- **Fix**geschäft, d.h. der Leistungszeitpunkt liegt fest, eine Nachholung ist nicht möglich.

Fall "Blauer Aschermittwoch": AR-4.2 A

Herr Mohr hat am Aschermittwoch gefehlt, ohne sich zu melden. Am Donnerstag meldet er sich mit der Erklärung zurück, er sei am Vortag zu müde gewesen und werde die ausgefallene Arbeitszeit in den nächsten Tagen nacharbeiten.

Frage: Kann der ArbG das Nachholen der Arbeit verweigern und die Vergütung kürzen?

Die weitaus meisten ArbN sind heute **Angestellte**, nur noch wenige gewerbliche, die im Übrigen weitgehend gleichgestellt sind. Man unterscheidet tarifliche, außertarifliche und Leitende Angestellte.

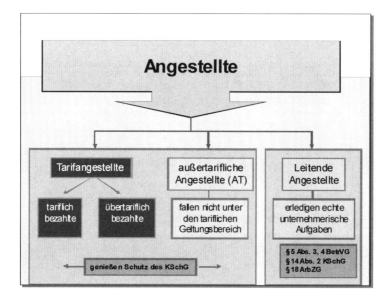

Abbildung 5: Arten von Angestellten

1. Beiderseitige Haupt- und Nebenpflichten aus dem Arbeitsvertrag

Das Arbeitsverhältnis ist ein **Austauschverhältnis**, das zur Arbeitserbringung (**nicht** einen bestimmten **Erfolg**) gegen Entgeltzahlung verpflichtet und berechtigt.

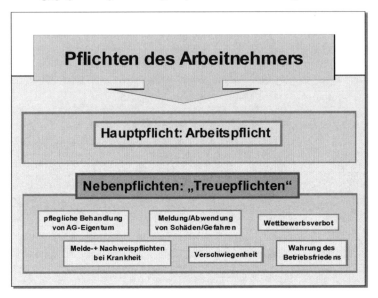

Abbildung 6: Pflichten des ArbN

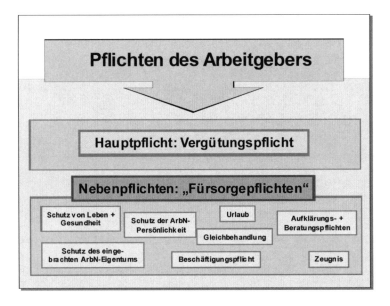

Abbildung 7: Pflichten des ArbG

Dazu kommen wechselseitige **Nebenpflichten**, u.a. auf ArbN Seite die Treuepflicht, die Einhaltung des Betriebsfriedens, das Wettbewerbsverbot und die Verschwiegenheitspflicht.

Die von einem Arbeitnehmer geschuldete **Arbeitsleistung** als Hauptpflicht richtet sich nach dem individuellen Leistungsvermögen und nicht danach, welchen Erfolg der Arbeitgeber sich vorstellt. Im Zweifel hat ein Arbeitnehmer diejenige **Leistung** nach Arbeitstempo und -intensität zu erbringen, die er bei angemessener Anspannung seiner geistigen und körperlichen Kräfte auf Dauer ohne Gefährdung seiner Gesundheit durchhalten kann (subjektive Norm).

Für die Kündigung kommt es darauf an, ob die erbrachte Arbeitsleistung die berechtigte Erwartung des Arbeitgebers von der Gleichwertigkeit der beiderseitigen Leistungen in einem Maße unterschreitet, dass ihm ein Festhalten an dem (unveränderten) Arbeitsvertrag unzumutbar wird.

Fall „Die Schnecke": AR-4.4 A

> Während fast alle Mitarbeiter Ihrer Versandabteilung durchschnittlich 12 Paletten pro Person und Stunde abfertigen, schafft Herr Wenzel der schon 15 Jahre im Betrieb arbeitet, nie mehr als 8.
>
> *Frage: Kann man Herrn Wenzel den Lohn kürzen?*

2. Form und Inhalt des Arbeitsvertrages

Aus der Systematik des deutschen Arbeitsrechts als Teil des Dienstvertragsrechts aus dem **BGB § 611 ff.** gibt es **keine** generelle Schriftformpflicht (anders als bei Befristung und TZ → siehe unten). Die mündliche **Einigung** über die **wesentlichen Punkte** (Angebot und Annahme, kann sich auch mittelbar aus den Umständen ergeben), wie

- Art der Arbeit

- Entgeltpflichtigkeit (nicht konkrete Höhe)

- Eintrittstermin

reicht aus. Seit 1995 gibt es allerdings ein **Nachweisgesetz** (zurückgehend auf eine EG-Richtlinie), nach dem der Arbeitgeber spätestens einen Monat nach Beginn des Arbeitsverhältnisses die wesentlichen Vertragsbestimmungen schriftlich niederzulegen, die Niederschrift zu unterzeichnen und dem Arbeitnehmer ein Exemplar auszuhändigen hat. Fast immer benutzt der ArbG **Formularverträge**, um eine Vereinheitlichung zu erreichen und spätere Auslegungsstreitigkeiten zu vermeiden.

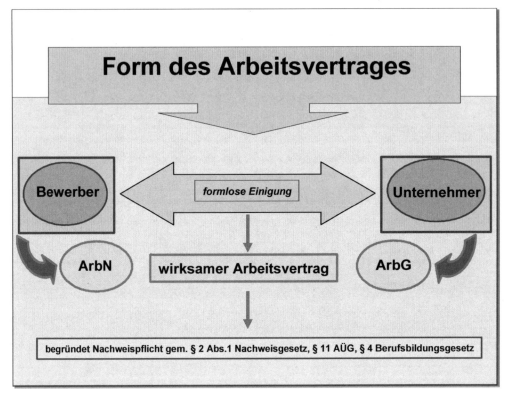

Abbildung 8: Form des Arbeitsvertrages

Seit dem 01.01.2002 sind wegen der Schuldrechtsreform gemäß § 310 Abs. 4 BGB nunmehr auch auf Arbeitsverhältnisse die Regeln über **Allgemeine Geschäftsbedingungen** anwendbar. Praktisch ist das frühere Gesetz zur Gestaltung der allgemeinen Geschäftsbedingungen in das BGB integriert worden (§ 305 ff.). Danach sind Klauseln, die ungewöhnlich und überraschend sind, kein Vertragsbestandteil geworden (§ 305c). Nach § 307 findet eine Inhaltskontrolle statt, ob die allgemeinen Geschäftsbedingungen nach den Grundsätzen von Treu und Glauben den Vertragspartner **unangemessen benachteiligen.** Messlatte sind dabei nicht nur Gesetze, sondern nach § 307 III auch Tarifverträge und Betriebsvereinbarungen. Das kann zu einem Einfallstor des brachenüblichen Schutzniveaus auch für Nicht-Tarifgebundene werden.

In § 308 und § 309 werden Klauselverbote **mit** und **ohne** Wertungsmöglichkeiten unterschieden und jeweils Fallgestaltungen aufgezählt. Im ersten Fall verbleiben Spielräume für den Einzelfall unter Gewichtung aller Gesamtumstände. Nur noch sehr eingeschränkt dürften danach **Regeln über** die Pauschalierung von Schadensersatzansprüchen ihre Gültigkeit behalten; genauer gesagt, nur noch dann, wenn die Anspruchshöhe (z. B. aus Nichtantritt einer Stelle oder Verletzung der Vertraulichkeit) mit der tatsächlich eingetretenen nachweisbaren Schädigung des Arbeitgebers quantitativ übereinstimmt.

Fall „Der neue Job ruft!": AR-4.2 B

> Einer der Entwicklungsingenieure, Herr Horn, hat von der Konkurrenz eine attraktivere Stellung angeboten bekommen. Deshalb hat er gekündigt, die ihm übertragene Projektarbeit abgebrochen und gegen Ihren erklärten Willen gleich zu Beginn der dreimonatigen Kündigungsfrist Ihren Betrieb verlassen. Sollte Herr Horn weiterhin fortbleiben, wird sich der Abschluss des von ihm betreuten Projektes verzögern und eine an den Auftraggeber zu zahlende Vertragsstrafe in Höhe von ca. 6.000 Euro fällig werden.
>
> *Frage: Könnte man Herrn Horn zwingen, bis zum Ende der Kündigungsfrist weiterzuarbeiten?*

Wegen des Beweisproblems sind **Zusatzvereinbarungen** i.d.R. **schriftlich** zu treffen und dem übrigen Vertragstext anzufügen. Rein mündliche Zusatzvereinbarungen sind im Prinzip gültig, müssen aber von dem, der sich darauf beruft, nachgewiesen werden.

> Beispiel: Arbeitnehmer und Arbeitgeber vereinbaren mündlich die Übernahme der Umzugskosten, von denen in der später unterzeichneten schriftlichen Vertragsurkunde nichts steht.

Lediglich eine **Schriftformklausel** im Vertrag selbst schließt mündliche Nebenabreden aus. Der ArbG darf aber in den der Vertragsunterzeichnung vorangehenden Gesprächen keinen gegenteiligen Eindruck erzeugen („Wir können über alles reden..."), da sonst ein Berufen auf die Schriftformklausel missbräuchlich wäre.

Das Außerachtlassen der betriebsverfassungsrechtlichen Pflicht zur Einbeziehung des BR bei der Einstellung aus § 99 berührt **nicht** die Gültigkeit des Arbeitsvertrages (siehe dazu unten auch Teil 2 II 3).

Anstellungsvertrag

Zwischen

der A GmbH & Co KG,
vertreten durch die A Verwaltungs-GmbH, diese vertreten durch die Geschäftsführerin Frau A,
– im folgenden: A GMBH & Co KG –

und

Herrn Y
– im folgenden auch: Arbeitnehmer –

1. **Beginn des Arbeitsverhältnisses; Probezeit**
1.1. Herr Y wird ab dem .... im Unternehmen der A GMBH & Co KG beschäftigt.
1.2. Die ersten 3 Monate gelten als Probezeit. Die Kündigungsfristen während der Probezeit richten sich nach den jeweils geltenden Bestimmungen des "Manteltarifvertrag für die Arbeitnehmerinnen und Arbeitnehmer im/des/für ...." (im Folgenden: "Manteltarifvertrag").

2. **Tätigkeit**
2.1. Herr Y wird als Verkäufer beschäftigt. Herr Y ist schon jetzt damit einverstanden, bei Bedarf auch andere zumutbare Tätigkeiten, falls erforderlich auch in einem anderen Betrieb, zu übernehmen.
2.2. Zu dem Aufgabengebiet des Arbeitnehmers gehören insbesondere folgende Aufgaben:
– Warenannahme und Kontrolle der Lieferungen
– Kontrolle des Warenbestandes
– Verteilung der Waren in den Warenregalen
– Lagerverwaltung und Lagerinventur
– Kassierertätigkeit
2.3. Herr Y verpflichtet sich, alle übertragenen Arbeiten ordnungsgemäß und pünktlich unter Befolgung der Anweisungen der Filialleitung auszuführen. Die Filialleitung ist berechtigt, die Leistung des Arbeitnehmers zu kontrollieren.

3. **Arbeitszeit**
3.1. Die regelmäßige Wochenarbeitszeit beträgt ausschließlich der Pausen 37,5 Arbeitsstunden. Die Wochenarbeitszeit verteilt sich auf die sechs Wochentage Montag bis Samstag. Die Tätigkeit an Samstagen geschieht im Bedarfsfall aufgrund vorheriger Ankündigung des Arbeitgebers, der hierbei die Interessen des Arbeitnehmers berücksichtigen wird.
3.2. Der Arbeitnehmer erklärt sich bereit, entsprechend den Weisungen des Arbeitgebers in angemessenem Umfang Mehrarbeit (ggbfs. nach Anhörung des Betriebsrats) zu leisten. Dies soll nur ausnahmsweise erfolgen, es sei denn, vorübergehend ist ein häufigerer Einsatz aus betrieblichen Gründen notwendig.

4. **Vergütung**
4.1. Herr Y erhält ein Gehalt nach Maßgabe der Regelungen des jeweils geltenden "Gehaltstarifvertrag für die Angestellten im/des/für ...." (fortan: "Gehaltstarifvertrag"). Herr Y ist dabei gegenwärtig in die Beschäftigungsgruppe .... des Gehaltstarifvertrages eingruppiert.
4.2. Die Gehaltszahlung ist jeweils am letzten des Monats fällig. Der Arbeitnehmer erhält mit der Auszahlung der Vergütung zugleich eine Abrechnung des Gehalts, der Zuschläge und etwaiger Sonderzuwendungen. Im Übrigen gelten die Gehaltsregelungen des Manteltarifvertrages.
4.3. Zusätzlich zu diesem monatlichen Bruttogehalt erhält der Arbeitnehmer Urlaubsgeld, Weihnachtsgeld sowie vermögenswirksame Leistungen.
4.4. Herr Y darf seine Vergütungsansprüche weder verpfänden noch abtreten. Der Arbeitnehmer hat die durch die Pfändung, Verpfändung oder Abtretung entstehenden Kosten zu tragen.

5. Urlaub

5.1. Herr Y erhält im Kalenderjahr einen Erholungsurlaub von 24 Werktagen. Der volle Urlaubsanspruch wird erstmalig nach 6monatigem Bestehen des Arbeitsverhältnisses erworben.

5.2. Die zeitliche Festlegung des Urlaubs ist mit dem Arbeitgeber rechtzeitig abzusprechen und wird unter Berücksichtigung der betrieblichen Belange und der Belange der anderen Arbeitnehmer gewährt. Der Urlaub soll möglichst zusammenhängend genommen werden.

5.3. Die A GMBH & Co KG ist berechtigt, die zeitliche Festlegung des Urlaubs für alle Arbeitnehmer des Betriebes verbindlich durch die Bestimmung eines Betriebsurlaubes zu regeln. Die Festlegung des Betriebsurlaubes geschieht in diesem Fall am Anfang eines Kalenderjahres für dieses Kalenderjahr unter Berücksichtigung der Interessen der Arbeitnehmer.

5.4. Für die Urlaubsgewährung, die Urlaubsdauer und die Berechnung des Urlaubsentgelts gelten im Übrigen die Regelungen des Manteltarifvertrages.

6. Arbeitsverhinderung; Gehaltsfortzahlung im Krankheitsfalle

6.1. Der Arbeitnehmer ist verpflichtet, dem Arbeitgeber jede Dienstverhinderung, ihre voraussichtliche Dauer sowie deren Gründe unverzüglich anzuzeigen. Bei einer Erkrankung im Ausland genügt die Mitteilung mittels normalen Briefs.

6.2. Im Falle der Erkrankung ist der Arbeitnehmer verpflichtet, vor Ablauf des vierten Kalendertages nach Beginn der Arbeitsunfähigkeit eine ärztliche Bescheinigung über die Arbeitsunfähigkeit sowie deren voraussichtliche Dauer vorzulegen. Dauert die Arbeitsunfähigkeit länger als in der Bescheinigung angegeben, so ist der Arbeitnehmer verpflichtet, innerhalb von drei Tagen eine neue ärztliche Bescheinigung einzureichen.

6.3. Ist der Arbeitnehmer infolge einer auf Krankheit beruhenden Arbeitsunfähigkeit an der Arbeitsleistung verhindert, ohne dass ihn ein Verschulden trifft, so erhält er eine Gehaltsfortzahlung bis zur Dauer von 6 Wochen nach den gesetzlichen Bestimmungen.

7. Sorgfaltspflicht, Verschwiegenheitspflicht

7.1. Der Arbeitnehmer verpflichtet sich gegenüber dem Arbeitgeber, alle Werte des Unternehmens schonend und pfleglich zu behandeln und jeden Schaden nach besten Kräften abzuwehren.

7.2. Der Arbeitnehmer verpflichtet sich, über alle vertraulichen Angelegenheiten und Vorgänge, die ihm im Rahmen der Tätigkeit zur Kenntnis gelangen, auch nach dem Ausscheiden aus dem Arbeitsverhältnis, Stillschweigen zu bewahren.

8. Nebentätigkeit

Der Arbeitnehmer hat jede weitere auf regelmäßige Einkünfte gerichtete Tätigkeit anzumelden. Diese kann im Einzelfall versagt werden, sofern durch die Nebentätigkeit die Arbeitsleistung beeinträchtigt wird.

9. Beendigung des Arbeitsverhältnisses

9.1. Das Arbeitsverhältnis wird auf unbestimmte Zeit eingegangen.

9.2. Die Kündigung des Arbeitsverhältnisses bedarf der Schriftform.

10. Sonstige Vertragsbedingungen

10.1. Beide Vertragsparteien erhalten je ein Exemplar dieses Anstellungsvertrages. Der Arbeitnehmer erhält ein Exemplar der Tarifverträge, auf die in diesem Vertrag Bezug genommen wird.

10.2. Änderungen und Ergänzungen des Vertrages sowie Nebenabreden bedürfen zu ihrer Wirksamkeit der Schriftform.

München, den ....

....
A GMBH & Co KG, vertreten   Herr Y
durch die Geschäftsführerin   (Arbeitnehmer)

Kritische Klauseln in Musterverträgen sind u.a. folgende:

Mehrarbeit / Überstunden: Mustertext 3.2.

"... in angemessenem Umfang ist der ArbN (ggf. nach Anhörung des BetrR) zur Ableistung verpflichtet". Das ist eine Folge der Loyalitätspflicht. Die Zuschlagspflicht war früher gesetzlich und ist jetzt nur noch gegeben, wenn und soweit ein Arbeits- oder Tarifvertrag dies vorsieht. Eine angemessene Pauschalierung ist möglich.

Versetzung / neue Arbeitsinhalte: Mustertext 2.1

„... bei Bedarf (sind ...) auch andere zumutbare Tätigkeiten, falls erforderlich auch in einem anderen Betrieb, zu übernehmen". Die Gültigkeit ist abhängig von der Vereinbarung eines Einsatzortes; "vorweggenommenes" Einverständnis ist möglich, allerdings sind Ausmaß sowie evtl. Konkretisierung und Zumutbarkeit gegenzuprüfen. Allerdings ist die Zumutbarkeit unter sozialen und familiären Aspekten bzw. eine evtl. Konkretisierung durch praktische Übung im Einzelfall zu prüfen.

Nebentätigkeits- / Wettbewerbsverbot: Mustertext 8

Es besteht kein völliges Verbot wegen der Berufsfreiheit in Art. 12 GG, allerdings kann eine Nebentätigkeit untersagt werden, wenn und soweit die Kollision mit ArbG-Interessen konkret droht und/oder wenn wegen übermäßiger Quantität die Hauptleistung gefährdet ist. Ein Wettbewerbsverbot besteht nach §§ 74 a-c, 75 a-h HGB nur höchstens zwei Jahre nach Ausscheiden und ist bei „berechtigtem geschäftlichem Interesse" möglich, soweit keine unbillige Behinderung des beruflichen Fortkommens entsteht. Im Gegenzug muss Karenzentschädigung gewährt werden.

Geheimhaltung: Mustertext 7.2

Pflicht dazu besteht auch nach dem Ausscheiden hinsichtlich Geschäfts-(Produkt-) Geheimnissen bzw. Einzelheiten zu Kundenbeziehungen etc. Sie entspringt (der nachwirkenden) Loyalitätspflicht.

Erfindungen:

Zu unterscheiden sind: Dienst-, Obliegenheits- und freie Erfindungen. Bei Diensterfindungen stehen das ausschließliche Nutzungsrecht und die wirtschaftliche Verwertung dem ArbG zu. Im Gegensatz dazu gilt: Freie Erfindungen – völlig ohne Mittel des ArbG und Ausnutzung dienstlich erworbener Kenntnisse – unterliegen nicht dem Zugriff des ArbGs. Die Obliegenheitserfindung führt in der Praxis zu einer Zwischenlösung, d. h. zur Pflicht des Anbietens und einer möglichen Verwertung durch den ArbG, jedoch unter Erlös-Quotelung.

Vertragsstrafe:

Diese ist nur gültig anstelle von Schadensersatz wegen nicht ordnungsgemäßer Vertragser-füllung, nicht zusätzlich. Nach anfänglicher Unsicherheit hat sie das BAG auch nach der Schuldrechtsreform für zulässig erklärt. Wegen §§ 309, 310 Abs. 4 BGB muss eine Inhalts-kontrolle nach den Regeln über Allgemeine Geschäftsbedingungen erfolgen, die immer dann zum Klauselverbot führt, wenn diese vereinbarte Summe höher ist als der tatsächliche Scha-den.

3. Sonderformen Arbeitsvertrag (Befristung, Teilzeit, Leiharbeit)

Wegen unsicherer Kapazitätsauslastung wünscht der ArbG heute vielfach gerade keine Ver-träge von unbestimmter Dauer, daher werden in der Praxis immer häufiger besondere Abre-den getroffen. Das Gesetz über **Teilzeitarbeit** und **befristete Arbeitsverträge** will verhin-dern, dass diese „Randbelegschaft" diskriminiert wird.

Befristete Arbeitsverhältnisse:

- Die Befristung eines Arbeitsvertrages bedarf zu ihrer Wirksamkeit der Schriftform § 623 BGB (dies ist eine Ausnahme von der grundsätzlichen Formfreiheit!).

- Befristungen von Arbeitsverträgen bis zu 2 Jahren sind auch ohne sachlichen Grund möglich. Innerhalb dieser Frist besteht eine dreimalige Verlängerungsmöglichkeit, so-dass insgesamt 4 befristete Arbeitsverhältnisse (mit Laufzeiten die insgesamt 24 Mo-nate nicht übersteigen) aufeinander folgen dürfen. Ursprünglich sah das Gesetz vor, dass ab dem 58. Lebensjahr Arbeitsverhältnisse ohne Höchstdauer befristet werden dürfen, der EuGH hat dies jedoch als Diskriminierung älterer Arbeitnehmer für unzu-lässig gehalten. Diese Arbeitsverträge sind automatisch unbefristet.

- Nach § 14 Abs. 2a Teilzeit- und Befristungsgesetz (**TzBfG**) können **Existenzgründer** in den ersten **vier** Jahren des Bestehens eines neu gegründeten Unternehmens künf-tig befristete Arbeitsverträge ohne Sachgrund bis zur Dauer von vier Jahren ab-schließen. Das gilt auch für am 01.01.2004, d.h. bei Inkrafttreten der Neuregelung be-reits bestehende Unternehmen, wenn die Unternehmensgründung bei Vertragsbe-ginn nicht länger als vier Jahre zurückliegt.

- Derselbe ArbG darf nach dem Ausscheiden eines ArbN, der die 2-Jahresfrist ausge-schöpft hat, kein 2. befristetes Arbeitsverhältnis mit dem ArbN mehr abschliessen. Jedoch darf nach einem sachlich befristeten ein zeitlich befristetes Arbeitsverhältnis folgen (daher darf ein früherer Werkstudent bei derselben Firma doch noch ein befristetes Probearbeitsverhältnis abschließen). Bei ehemaligen Praktikanten gilt das TzBfG ohnehin nicht, da sie keine ArbN sind.

Neu ist ein Beispielskatalog von **sachlichen Gründen** für Befristungen **über** zwei Jahren: Bisher waren dies: Mutterschutz, Zweckbefristung, Haushalts- oder Finanzmittelbegrenzung. Jetzt sind es auch: Einstieg nach Ausbildung oder Studium, Ernteeinsatz, Auftrags- und Projektarbeit, Befristung als Folge eines gerichtlichen Vergleichs. Ferner gilt ein Verbot der **Benachteiligung** bei Weiterbildungsmaßnahmen.

Häufig wird der Arbeitsvertrag „zur **Erprobung** befristet". Dann läuft er **automatisch aus** (→ Vertrags-Mustertext 1.2.), falls nicht der ArbG nach Zeitablauf einen neuen Vertrag anbietet. Bei der Vereinbarung einer **Probezeit** gibt es aber auch die herkömmliche Variante, die für den ArbN günstiger ist. Dabei wird ein normales, unbefristetes Arbeitsverhältnis abgeschlossen, wovon die ersten (sechs) Monate als Probezeit gelten, in denen also lediglich in verkürzter Frist nach § 622 III BGB gekündigt werden kann.

Teilzeit

Folgende Legaldefinition findet sich in § 2 **TzBfG**:

"Arbeitsverhältnisse, in denen die regelmäßige Arbeitszeit kürzer ist, als die regelmäßige Wochenarbeitszeit vergleichbarer vollzeitbeschäftigter ArbN."

Maßstab ist also der Branchen-Tarifvertrag. Sehr umstritten ist die Einführung eines **Anspruchs** auf Teilzeit-Arbeit in Betrieben mit i.d.R. mehr als **15** Arbeitnehmern, soweit das Arbeitsverhältnis mindestens sechs Monate besteht und der Wunsch drei Monate vorher angekündigt wurde.

Kritisch für den ArbG ist die **starke Position**, die der § 8 dem Arbeitnehmer gibt, wenn er die Arbeitszeit von Voll- auf Teilzeit verringern will (einseitige Durchsetzung: "kann verlangen"). Sobald der Wunsch, seine vertraglich vereinbarte Arbeitszeit zu verringern und die verringerte Arbeitszeit in einer bestimmten Weise zu verteilen konkretisiert ist, hat der ArbG beides mit dem Ziel zu erörtern, **konstruktiv** zu einer Vereinbarung zu gelangen (§ 8 Abs. 3 Satz 2 TzBfG). Für den Anspruch ist es unerheblich, **aus welchen Gründen** der ArbN seine Arbeitszeit verringern möchte. Ist für den ArbG erkennbar, dass der ArbN die Verringerung der Arbeitszeit von der gewünschten Verteilung der Arbeitszeit abhängig machen will, kann der ArbG nur einheitlich das Änderungsangebot des ArbN **annehmen** oder **ablehnen**. Reagiert der ArbG auf den Wunsch des ArbN nach einer bestimmten Verteilung der Arbeitszeit auch vier Wochen vor dem angegebenen Termin nicht, **gilt die Zustimmung als erteilt** und der ArbN kann so verfahren, wie in seinem Vorschlag vorgesehen (Zustimmungs-Fiktion). Logischerweise kann der ArbG **widersprechen**, wenn ausnahmsweise eine **"erhebliche Beeinträchtigung der Organisation oder des Arbeitsablaufs im Betrieb oder unverhältnis-**

mäßig hohe Kosten" zu befürchten sind. Die Argumentations- und Beweislast dafür liegt aber allein beim ArbG. Der ArbN kann zur Durchsetzung seines Teilzeitanspruchs vom ArbG nicht verlangen, dass dieser zum Ausgleich der verringerten Arbeitszeit eine Vollzeitkraft bei gleichzeitigem Abbau von Überstunden anderer ArbN einstellt. Ebenso wenig kann er verlangen, den Arbeitszeitausfall durch dauernde Überstunden anderer ArbN auszugleichen. Auf die Inanspruchnahme von Leiharbeit kann er den ArbG dann ebenfalls nicht verweisen, wenn der ArbG nicht ohnehin auf Leiharbeit als übliche Maßnahme zurückgreift (BAG vom 09.12.2003).

Aus dem **TzBfG** sind weiterhin zu erwähnen:

- Es gilt eine Verpflichtung zur Ausschreibung von Teilzeit-Arbeitsplätzen und Einzel-Unterrichtung von Arbeitnehmern, die ihr Interesse bekundet haben.

- Auch bisher schon als Teilzeitkräfte Tätige können nach zwei Jahren eine weitere Reduzierung durchsetzen. Die Rückkehr in Vollzeit ist nach Anzeige des Wunsches bevorzugt möglich, es sei denn dringende betriebliche Gründe oder Arbeitszeitwünsche anderer Teilzeitbeschäftigter sind gewichtiger.

- Es besteht ein Verbot der "Benachteiligung wegen Inanspruchnahme von Rechten" durch die Teilzeitbeschäftigten; insbesondere darf es keine Diskriminierung bei Beförderungen oder Neubesetzung von Arbeitsplätzen geben. Eine sachlich gerechtfertigte Ungleichbehandlung erfordert ein logisches Anknüpfungsmerkmal, das „im Bereich der Arbeitsleistung" liegen muss. Nach BAG dürfen Teilzeitlehrer im Verhältnis ihrer Anteile zur vollen Arbeitszeit nicht schlechter bezahlt werden, nur weil diese „anderswo besser bezahlte Nebentätigkeiten ausführen".

- Eine (bisher mögliche betriebsbedingte) Kündigung wegen der Weigerung eines Arbeitnehmers, von einem Vollzeit- in ein Teilzeitarbeitsverhältnis oder umgekehrt zu wechseln, ist ausgeschlossen.

- Es besteht ein Anspruch auf gleichberechtigte Teilnahme an Aus- und Weiterbildungsmaßnahmen, die die berufliche Entwicklung und Mobilität fördern.

- Überstunden müssen nur geleistet werden, soweit dies ausdrücklich vereinbart ist. Tarifliche Zuschläge werden dann erst bei Überschreitung der tariflichen, nicht der persönlichen regelmäßigen Arbeitszeit fällig.

- Anspruch auf Urlaub besteht nur „pro rata temporis" d.h. im Verhältnis der geleisteten Teilzeit- zu den Vollzeitstunden nach der tariflichen Arbeitszeit.

- Für ArbG besteht eine Informations-Bringschuld für Wechsel in TZ und zurück bei angemeldetem Interesse.

Arbeitnehmerüberlassung (synonym: Zeit-, Leih-/Leasingarbeit)

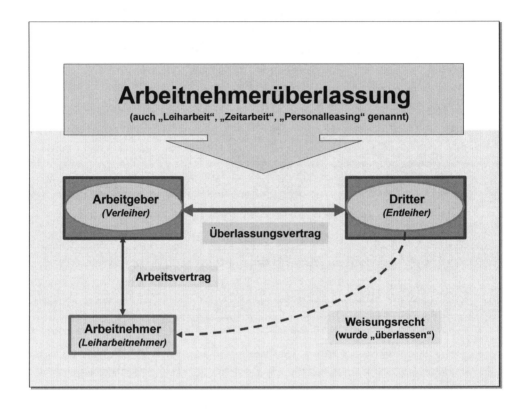

Abbildung 9: Arbeitnehmerüberlassung

Nicht zur Stammbelegschaft gehörend, aber **zeitweise** vom eigentlichen ArbG überlassen sind die vorübergehend im Betrieb beschäftigten Mitarbeiter nach dem **A**rbeitnehmer**ü**berlassungs**g**esetz (AÜG). Sie dienen dem Kapazitäts-Ausgleich in Arbeitsanfall-Spitzenzeiten während der Saison oder anlässlich von Großaufträgen. Eine Höchstbeschäftigungsdauer (früher erst 6, dann 12, dann 24 Monate) gibt es nicht mehr. Ab der 6. Woche muss der Verleiher dem Leiharbeitnehmer die gleichen Arbeitsbedingungen gewähren, wie sie die ArbN des **Entleihbetriebes** genießen „einschließlich des Arbeitsentgelts". Entgehen kann er dieser Verpflichtung, wenn er sich dem **Tarifvertrag** der **Verleih-Branche** anschließt, was regelmäßig der Fall ist.

Die ArbG-Rechte / Pflichten sind **geteilt**:

- Der **Verleiher** sorgt für Entgeltzahlung und Sozialabgaben (Hauptpflichten).

- Der **Entleiher** („eigentlicher" ArbG) bestimmt ihren Einsatz (Zeit, Art, Ort der Tätigkeit) während der Dauer des Aufenthalts, er hat das Direktionsrecht. Er übernimmt auch Nebenpflichten, insbesondere die allgemeine Unterweisung über mit der Arbeit verbundene Risiken und Stellung einer evtl. speziellen Schutzausrüstung.

Fall "Personalpool im Einsatz": AR-10.7 A

Die Maschinenfabrik X-AG steht unter Zeitdruck: der Übergabetermin für eine Produktionsanlage ist gefährdet. Deshalb bestellt die X-AG bei der „Personalpool GmbH" fünf Industriemechaniker für die Dauer von drei Monaten. Weil die Industriemechaniker ohne Sicherheitsstiefel erscheinen, gibt es Streit. Die X-AG meint, die GmbH sei für die persönliche Schutzausrüstung zuständig.

Frage: Ist das richtig?

§ 10 AÜG sieht harte **Sanktionen** vor:

Lässt sich der ArbG mit einem Verleiher ein, der **keine Erlaubnis** der Agentur für Arbeit hat <u>oder</u> gibt es **unwirksame Regelungen** im Verleihvertrag (z. B. unerlaubte oder sozialversicherungsfreie Beschäftigung von Ausländern), **gilt** von Anfang an ein Arbeitsverhältnis mit dem Entliehenen als **zustande gekommen**, d.h. der ArbN steht **rückwirkend** auf der Lohnliste des Entleihers!

Fall "Unerwarteter Zuwachs": AR-10.7 B

Das Unternehmen X, das elektrische Haushaltsgeräte produziert, schließt jährlich einen neuen Rahmenvertrag mit dem Serviceunternehmen S ab über die Durchführung von Reparaturen an ihren Produktionsanlagen. Die Auftragsabwicklung läuft in der Praxis wie folgt ab:
Ein Schichtmeister von X erteilt demjenigen Reparaturschlosser von S, der seinem Betrieb zugeordnet wurde, die Arbeitsaufträge direkt und reicht nachträglich einen entsprechenden Auftragszettel bei der Buchhaltung ein. Wenn der Reparaturschlosser ein Gerüst oder ein Schweißgerät benötigt, leiht er sich dieses bei dem diensthabenden Schichtmeister aus.
Einer der hier schon seit langem eingesetzten Reparaturschlosser, der Z, meint, dass er im Grunde wie ein Mitarbeiter des Unternehmens X behandelt werde und deshalb auch in den Genuss des bei X höheren Lohnniveaus kommen müsse. Deshalb verlangt Z, von X übernommen zu werden.

Frage: Mit Recht?

4. Konkretisierung der vertraglichen Arbeitspflicht (Direktionsrecht)

Die **generelle** Festlegung des Inhalts von Rechten und Pflichten zwischen ArbG X und ArbN Y erfolgt durch den zwischen ihnen geschlossenen **schriftlichen Arbeitsvertrag** und - soweit vorhanden - durch allgemeine Anweisungen wie Sicherheitsvorschriften etc. Die **spezielle** Festlegung, welche Pflichten der ArbN Y am .... Jahr 200x angesichts des Kundenauftrags ...... zu erledigen hat, **kann** nicht schriftlich im Vorhinein **fixiert** werden, sondern muss **flexibel** und elastisch für die Umstände des Einzelfalls bleiben. Das **Direktionsrecht** wird einseitig vom Vorgesetzten ausgeübt, was jedoch nicht heißt, dass es **schrankenlos** oder willkürlich ausgeübt werden kann: Beispiele für willkürliche Weisungen sind „nur Raucher müssen ....", oder "nur die gewerblichen ArbN haben ... zu tun". Hier liegt eine Ungleichbehandlung gemäß Art. 3 GG nahe. Aus dem Text des Arbeitsvertrages ergibt sich meist der erlernte Ausbildungsberuf. Er schafft den Rahmen, der nicht überschritten werden darf. Seltener findet sich die Generalklausel „jede ihren Kenntnissen und Fähigkeiten entsprechenden Tätigkeit", in diesem Fall ist jede zumutbare Weisung möglich. Die Rechtsprechung hat folgende Auslegungsregeln entwickelt: Geschuldet wird alles, was zum erlernten Berufsbild gehört und im Betrieb bzw. in der Branche „üblich" ist.

Dazu gehören:

- Hauptpflichten: Anwendung des erlernten Know-how

  Beispiel: Montage, Reparatur, Wartung

- Nebenpflichten

  Aufräumen und putzen des eigenen Arbeitsplatzes „soweit die Späne fallen"

Mit der Zeit tritt eine **„Konkretisierung"** der Arbeitspflicht ein: Hat z. B. jemand entsprechend seiner Erfahrung die **höchste Entgeltgruppe** des Tarifvertrages erreicht und Routinesicherheit erlangt, kriegt er die verantwortungsvollen Jobs und ist dafür von Nebenarbeiten und Handlangerdiensten befreit. **Ausnahmsweise** darf bei einer Weisung der durch Arbeitsvertrag, Berufsbild und praktische Übung gezogene Rahmen überschritten werden, d.h. im **Notfall,** wenn Gefahr für Leben oder Gesundheit von Kollegen und/oder Dritten besteht sowie Abwendung von hohen Schäden. **Rechtwidrige** Weisungen muss niemand erfüllen.

Fall „Laboranten im Gerüstbau": AR-3.1 A

Heute muss zu Reparaturzwecken an der Lagerhalle ein Gerüst aufgestellt werden. Für diese Arbeit fehlen noch zwei Helfer. Sie als Führungskraft möchten deshalb zwei Laboranten aus dem Versuchslabor, die gerade vor der Halle stehen und sich dort unterhalten, zur Unterstützung der Gerüstbauer abordnen.

Frage: Dürfen Sie das?

Fall „Wie Kraut und Rüben": AR-3.1 C

Im Werkstattwagen eines Mitarbeiters vom Kundendienst, einem Elektromechaniker, sieht es aus wie „Kraut und Rüben".

Frage: Kann man durchsetzen, dass der Mitarbeiter sein Fahrzeug vor Feierabend aufräumt und säubert?

5. Disziplinarmaßnahmen

Im Laufe des Arbeitslebens stellt sich nicht selten heraus, dass ein ArbN **nicht leistungsfähig** oder **nicht leistungswillig** ist. Im ersten Fall sollte gleich eine verhaltens- oder personenbedingte Kündigung (Alter-, Krankheitsgründe s.u.) erwogen werden. Im letzten Fall muss der ArbG nach dem "ultima-ratio-Prinzip" erst versuchen, durch **Disziplinarmaßnahmen** den ArbN zu der gewünschten Verhaltensänderung zu bewegen. Im Falle einer beharrlichen, rechtswidrigen Arbeitsverweigerung kann der ArbG zwar nicht die Arbeitsleistung selbst erzwingen, wohl aber den Lohn kürzen, Schadensersatz verlangen und eine Kündigung einleiten. Als erste Maßnahme (Ausfluss der Fürsorgepflicht) ist immer ein korrigierendes Gespräch unter vier Augen mit dem Fachvorgesetzten zu führen. Wenn **keine Besserung** erfolgt, sind die Instrumentarien unterschiedlich, abhängig davon, welcher **Pflichten-** und **Problem**bereich betroffen ist, dabei kann es sich um den Leistungs- oder Verhaltensbereich handeln.

Bei Verletzung von **Arbeitsvertrags**pflichten bzw. zulässigen Einzelweisungen des ArbG im Rahmen des Direktionsrechts ist der ArbG befugt, **allein** disziplinarisch vorzugehen, z. B.:

Im Leistungsbereich:

> ➤ Schlecht-, Nichterfüllung von Haupt- und Nebenpflichten
> Beispiel: Lieferfahrer schafft Tour nicht, Arbeitsverweigerung kurz vor Dienstschluss

> ➤ Schadensverursachung an Material oder im Bereich von Kundenbeziehungen
> Beispiel: Lieferfahrer beschädigt LKW, verprellt Kunden durch Beschimpfungen

> ➤ Unbefugtes Verlassen des Arbeitsplatzes
> Beispiel: Wertvolle Fuhre wird allein gelassen

> ➤ unentschuldigte Fehlzeiten, Bummelei
> Beispiel: "blauer" Montag, einseitige Urlaubsverlängerung

Im Vertrauensbereich:

> ➤ Verstoß gegen Geheimhaltungs-, Loyalitätspflichten
> Beispiel: Lieferfahrer empfiehlt dem Kunden eine billigere andere Bezugsquelle

Ein Verstoß gegen **Arbeitsvertragspflichten** im Leistungsbereich führt zur **Abmahnung**. Wesentlich ist ihre **Warn- und Beweisfunktion** für eine spätere verhaltensbedingte Kündigung.

Daher ist die **Schriftform** unbedingt empfehlenswert und der **Inhalt** der Abmahnung zwingend vorgeschrieben:

- Sachverhaltsfeststellung mit Zeitpunkt, Ort (evtl. Zeugen);
- Feststellen der Art des Pflichtverstoßes: die verletzte Arbeitsvertragspflicht bzw. Einzelweisung ist zu bezeichnen;
- Androhung von arbeitsrechtlichen Konsequenzen für den Wiederholungsfall
- Hinweis auf die verhaltensbedingte Kündigung als Sanktion.

Mustertext Abmahnung

Karl Zander GmbH
Industriestr. 27, 65213 Wiesbaden
- Geschäftsleitung -

An
Herr Josef Keller
- im Hause -   Wiesbaden, den ....

Abmahnung

Sehr geehrter Herr Keller,

(1.) am Donnerstag, dem 26. September 2003, gegen 19.00 Uhr hat der Prokurist Herr Huber in der Messwarte festgestellt, dass Sie sich während ihrer Arbeitszeit auf einem Fernseher ein Fußballländerspiel angesehen haben. Das Gerät hatten Sie ohne unsere Erlaubnis auf das Werksgelände mitgebracht.
(2.) Wir sehen in diesem Vorkommnis eine unverzeihliche Gefährdung der betrieblichen Sicherheit, eine vertragswidrige Vorenthaltung Ihrer Arbeitsleistung und einen Verstoß gegen das Verbot, Unterhaltungselektronik auf das Betriebsgelände mitzubringen.
(3.) Wir erinnern Sie hiermit nachdrücklich an Ihre Pflichten, Ihre ganze Aufmerksamkeit der Kontrolle der Messgeräte zuzuwenden und die Betriebsordnung einzuhalten.
(4.) Sollte sich das beanstandete oder ein ähnliches Verhalten wiederholen, müssen Sie mit einer Kündigung rechnen.

Wir bitten Sie, uns den Erhalt dieser Abmahnung, die wir zu Ihren Personalakten nehmen werden, zu bestätigen.

Mit freundlichen Grüßen
....
Unterschrift Handlungsbevollmächtigter

Wesentlich für die Warnfunktion ist, dass die Abmahnung dem ArbN zugeht und er **Kenntnis nehmen** kann, was häufig mit Gegendarstellungen von seiner Seite verbunden ist. Die Aufbewahrung in der Personalakte ist wegen des materiellen Personalaktenbegriffs erforderlich. Ihr inhaltlich zustimmen oder gar Reue zeigen muss der ArbN nicht. Empfehlenswert ist eine

Anhörung vor Ausspruch durch den ArbG. Spätestens nach Zugang ist der ArbG zur Anhörung und Erörterung nach § 82 BetrVG verpflichtet (ggf. auf Wunsch des ArbN unter Hinzuziehung eines Mitglied des Betriebsrats Abs. 2). Die Ablage der schriftlich niedergelegten Gegenargumente ebenfalls in der Personalakte kann verlangt werden **(Erklärungsrecht)**. Beleidigende Darstellungen oder Leumundszeugnisse von Dritten dürfen zurückgewiesen werden. Der ArbG sollte auf den Pflichtenverstoß schnell reagieren, eine Regelausschlussfrist wie in § 626 II BGB gibt es aber nicht.

Je nach Schwere des Pflichtenverstoßes fordert die Rechtsprechung nur eine (z. B. Tätlichkeiten, Chef-Beleidigungen, berechtigte Beschwerden von Kunden, so dass Vertragsbeziehungen zu Dritten gestört sind), i.d.R. aber **mehrere Abmahnungen** (für sich geringfügiges, aber ständiges Zuspätkommen) wegen desselben Pflichtverstoßes, ehe eine Kündigung ausgesprochen werden kann. Mehrere Abmahnungen müssen in einem **zeitlichen und sachlichen Zusammenhang** stehen. Dieser wird verneint, wenn eine längere Zeit zwischen den Verstößen **beanstandungsfrei** verstrichen ist oder **Symptome** und Ursachen der Verhaltensauffälligkeit **wechseln** ("Bummelant" hat das Auto, das nie ansprang verkauft, ein Jahr später kommt er wegen Ehe- und sich anschließenden Alkoholproblemen dauernd zu spät). Der Resozialisierungsgedanke ist sinngemäß anzuwenden, erst nach Jahresfrist wiederholte Verstöße müssen erhebliche Pflichtverletzungen beinhalten, sonst ist ihr Beweiswert entkräftet.

Abmahnungen sind aus der **Personalakte zu entfernen**, wenn sie:

- sachlich unrichtig waren

- sich nachträglich als ungerechtfertigt oder wegen geringer Schuld als übertrieben herausstellen

- ihr Beweiswert entkräftet ist (Faustformel nach zwei bis drei Jahren beanstandungslosen Verhaltens)

Der ArbN hat in diesen Fällen einen gerichtlich durchsetzbaren **Anspruch** (ggf. auch teilweise) **auf Entfernung** bzw. Berichtigung. Ebenso kann er die Überprüfung aber auch auf eine sich später anschließende Kündigungsschutzklage verschieben. Der Anlass für die Abmahnung kann aber nicht zugleich das Kündigungsargument abgeben (Verbrauch der Kündigungsbefugnis). Eine (wegen mangelnder Nachdrücklichkeit des Pflichtenverstoßes) unwirksame Kündigung kann jedoch als Abmahnungsgrund Verwendung finden. Ein **Betriebsrat** darf in dieser Eigenschaft **nicht** abgemahnt werden (wohl aber gewerkschaftlicher Vertrauensmann), hier geht § 23 I BetrVG als Spezialnorm vor. Zur (Vollzugs-)kontrolle ist selbstverständlich das allgemeine **Einblicksrecht** in die Personalakte nach § 83 BetrVG ausübbar.

Verwarnung, Betriebsbuße

Wenn dagegen die **Ordnung des Betriebes**, d.h. Verhalten gegenüber Kollegen und/oder in der Betriebsgemeinschaft betroffen ist, sind andere Disziplinarmaßnahmen als die Abmahnung zu ergreifen und außerdem die doppelten Mitbestimmungsrechte nach § 87 I Ziff.1 und 6 BetrVG zu beachten. Sie betreffen nur den **Verhaltensbereich**, (also nicht o.e. Leistungs- und Vertrauensbereich) z. B.:

- Regeln des Zusammenlebens im Betrieb

    Beispiel: Ordnung, Sauberkeit im Waschraum, Missachtung der Verkehrsregeln im (nicht öffentlichen) Werksbereich

- Verletzung von Eigentum an eingebrachten Sachen von den Kollegen oder Betriebseigentum

- Arbeitssicherheits-Auflagen

- Verhaltensauffälligkeit gegenüber Kollegen

    Beispiel: "sexuelle Belästigung", Beschimpfungen

Über die Disziplinarmaßnahme **(Verwarnung)** muss im Einzelfall **Einvernehmen mit dem BetrR** hergestellt werden, selbst dann, wenn ein gemeinsam verabschiedeter **Verhaltenskodex** (Arbeitsordnung) vorliegt. Letzterer ist notwendig, wenn man eine **Betriebsbuße** verhängen will, d.h. Art und Ausmaß der Buße muss angedroht und vorhersehbar sein. Geldbußen dürfen i.d.R. nicht mehr als einen Tagesverdienst ausmachen, Ehrenstrafen ("Pranger") oder Entlassungen dürfen nicht verhängt werden (Garantie des gesetzlichen Richters in Art. 19 GG). Nach BAG hat in diesen Fällen der ArbG ein **Wahlrecht** unter Sanktionen für sein Vorgehen.

- Rauchen in Gefahren-/Nichtraucherzonen ist u.U. schon Verstoß gegen ein höherrangiges Gesetz, Arbeitssicherheits-/Unfallverhütungsvorschriften (dann mitbestimmungsfrei). Sonst können sowohl Arbeitsordnung als auch der Arbeitsvertrag betroffen sein.

- Alkohol auf dem Werksgelände (s.o. Rauchen): sobald ein Schaden verursacht wird, ist dies in jedem Fall mitbestimmungsfrei.

- Entwendung von (geringwertigem) ArbG-Eigentum Diebstahl ist nach § 242 StGB Offizialdelikt, d.h. nur bei geringwertigen Sachen kann die Polizei „außen vor" bleiben.

6. Konkretisierung der Entgeltzahlungspflicht

Üblicherweise gilt nach dem BGB der Grundsatz "ohne Arbeit, kein Lohn". Aufgrund vorran-
giger Regelungen, Vereinbarungen im Arbeitsvertrag und aus sozialen Gründen dem Arbeitgeber auferlegten Pflichten gibt es allerdings Ausnahmen. Selbstverständlich führt umgekehrt ein vertragswidriges Verhalten des Arbeitnehmers zum Verlust des Entgelt- und in den
meisten Fällen auch zur Entstehung eines Schadensersatzanspruches für den Arbeitgeber.

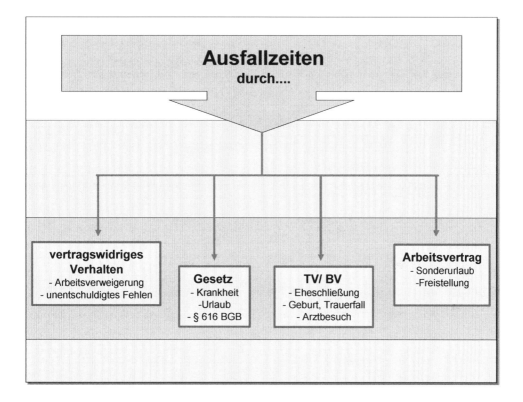

Abbildung 10: Ausfallzeiten

7. Lohn ohne Arbeit im Falle von Betriebsstörungen

Kann der ArbN nicht arbeiten, weil in der Sphäre des Unternehmers Funktionsbedingungen
für den ordnungsgemäßen Ablauf nicht erfüllt sind, spricht man von Betriebsstörungen. In
dem Begriffs-Schema des neuen BGB-Schuldrechts ist dies nicht mehr ein Fall der Unmöglichkeit, vielmehr handelt es sich nach § 326 um "Rücktritt beim Ausschluss der Leistungs-
pflicht", **§ 615 BGB**, der die **Vergütung beim Annahmeverzug** des ArbG regelt, kommt als
Sondergesetz zum gleichen Ergebnis. Danach trägt der ArbG das Betriebsrisiko insoweit, als

er den "Umstand, der die Leistung unmöglich gemacht hat", **allein** oder **überwiegend** verantwortet (§ 326 Abs. 2). **Auftragsmangel** geht also zu Lasten des ArbG: Er hat dafür zu sorgen, dass die Auftragsbücher voll sind und die "Bänder nicht stillstehen". Gleiches gilt bei **Rohstoff-Verknappung** und **Maschinen-Mängeln**. Auch die Organisation der **Stromversorgung** und des **Brandschutzes** hat der ArbG - zumindest überwiegend - zu vertreten. Aus der Rechtsprechung übernommen ist der Satzteil in § 615, dass der „Spaziergänger" sich jedoch dasjenige anrechnen lassen muss, was ihm infolge der Befreiung von der Leistung erspart bleibt, oder was er durch anderweitige Verwendung seiner Arbeitskraft zu erwerben böswillig unterlässt.

Fall "Ein Kurzschluss hält die Arbeit an": AR-7.4 B

In der Reparaturwerkstatt ist infolge eines Kurzschlusses die Elektrizität ausgefallen. Alles ist dunkel. Deshalb sitzen die dort beschäftigten Schlosser jetzt untätig in der Kantine herum.

Frage: Darf der Arbeitgeber den Schlossern den Lohn kürzen?

Auch bei Naturereignissen und ihrer Folgenbewältigung trägt der ArbG das Betriebsrisiko insoweit, als **er** den "Umstand der die Leistung unmöglich gemacht hat", **allein** oder **überwiegend** verantwortet (§ 326 Abs. 2).

Fall "Land unter an der Mulde": AR-7.4 C

Das Jahrhundert-Hochwasser hat Ihren Produktionsbetrieb unter Wasser gesetzt. 15 Ihrer 92 Mitarbeiter haben Sie zu Bergungs- und Sicherungsarbeiten eingesetzt, die übrigen schicken Sie nach Hause.

Frage: Müssen Sie auch die heimgeschickten Mitarbeiter bezahlen?

Lediglich wenn die Betriebsstörung aus der **Sphäre der ArbN** kommt, tragen diese das Risiko und der ArbG gerät nicht in Annahmeverzug. Typisches Beispiel ist der **Streik**. Man löst diese Fälle über eine modifizierte Form der Betriebsrisikolehre, der **Lehre vom Arbeitskampfrisiko**. Selbstverständlich erhalten die in der Gewerkschaft **organisierten**, also aus eigenem Entschluss die Arbeit verweigernden ArbN kein Geld (= Hauptpflicht wird nicht erfüllt). Jedoch **verlieren** auch die ArbN, die **nicht** streiken, in deren Betrieb wegen des Streiks aber nicht gearbeitet werden kann, den Anspruch auf Lohn. Die Lohnfortzahlungspflicht endet laut BAG grundsätzlich dort, wo die Existenz des Betriebes bedroht ist, mithin Konkursrisiko besteht. Gestützt wird dies durch den neuen § 275 II, wonach ein Leistungsverweigerungsrecht besteht, wenn ein grobes Missverhältnis zwischen dem Aufwand für den Schuldner und dem Leistungsinteresse des Gläubigers entstanden ist.

8. Erholungsurlaub

Vier grundlegende Begriffe sind zu unterscheiden:

Urlaubsanspruch ist der Anspruch des ArbN, eine bestimmte Zeit im Jahr von der Arbeit **fernbleiben** zu dürfen, um sich zu erholen. Der in **§ 1 BUrlG** festgelegte Anspruch ist eine gesetzliche Konkretisierung der Fürsorgepflicht des Arbeitgebers. Der **Urlaubsentgeltanspruch** verpflichtet den ArbG, während der Zeit, in der der ArbN wegen Erholungsurlaubs nicht arbeitet, trotzdem die vereinbarte **Vergütung** zu zahlen. Hierfür ist **§ 11 I BUrlG** maßgeblich.

Der **Urlaubsgeldanspruch** ist eine **Jahressonderzahlung** aus Tarifvertrag bzw. Betriebsvereinbarung und hat mit dem Urlaub bis auf den Anlass für die Zahlung nichts zu tun. Er gehört deshalb zu den Sozialleistungen. Der **Urlaubsabgeltungsanspruch** ist **in § 7 IV BUrlG** geregelt. Kann der ArbN den Urlaub nicht im Kalenderjahr (bzw. im Übertragungszeitraum) nehmen, weil das Arbeitsverhältnis beendet wurde, dann ist der Urlaubsanspruch **in Geld** abzugelten.

Entstehen des Urlaubsanspruchs

Der Urlaubsanspruch, also der Anspruch auf Befreiung von der Arbeitspflicht, ist in aller Regel im Arbeitsvertrag geregelt: "Herr X hat 30 Tage Urlaub". Eine Regelung findet sich auch in den meisten Tarifverträgen. Diese Regelungen übersteigen immer den gesetzlichen Urlaubsanspruch, mithin kommt es auf § 3 BUrlG kaum je an. Dort ist lediglich der gesetzliche Mindesturlaub geregelt. Der Urlaubsanspruch entsteht, wenn ein Arbeitsverhältnis besteht und die in § 4 BUrlG geregelte Wartezeit von sechs Monaten erfüllt ist. Ein Teilurlaubsanspruch von $^1/_{12}$ für jeden vollen Kalendermonat entsteht gemäß § 5 BUrlG aber auch schon während der Wartezeit. Unerheblich ist, ob der ArbN im Laufe des Urlaubsjahres auch tatsächlich gearbeitet hat oder z. B. krank war.

Urlaubsanspruch in Werktagen (§ 3 BUrlG): Umrechnung in Arbeitstage

Der gesetzliche Urlaubsanspruch beträgt 24 Werktage. Der Gesetzgeber geht dabei davon aus, dass an 6 Tagen, unter Einschluss des Samstags, gearbeitet wird. Der gesetzliche Mindesturlaub beträgt danach 4 Wochen pro Jahr. Dies gilt auch bei einer Beschäftigung an 5 Tagen je Woche - von Montag bis Freitag. Tarifverträge sehen oftmals höhere Urlaubsansprüche vor.

Urlaubsgewährung

Der Urlaub ist gem. § 7 I BUrlG unter **primärer Berücksichtigung** der Belange des **ArbN** zu gewähren. Dies ist ein gerichtlich durchsetzbarer Erfüllungsanspruch. Die Bestimmung des Urlaubszeitpunkts obliegt **nicht billigem Ermessen des ArbG i.S.v. § 315 BGB**. Der ArbG ist vielmehr als Schuldner des Urlaubsanspruchs verpflichtet, nach **§ 7 Abs. 1 1. Halbsatz BUrlG** die Urlaubswünsche des ArbN zu berücksichtigen und daher auch den Urlaub für den vom ArbN angegebenen Termin festzusetzen, jedenfalls dann, wenn die Voraussetzungen des § 7 Abs. 1 2. Halbsatz BUrlG nicht gegeben sind (BAG 31.01.1996). Mit der Festlegung des Urlaubszeitraums entsprechend den Wünschen des ArbN hat der ArbG als Schuldner des Urlaubsanspruchs **das Erforderliche nach § 7 Abs. 1 BUrlG getan**. Wird die Freistellung nachträglich unmöglich, wird der ArbG von der Freistellungsverpflichtung nach **§ 275 BGB frei**.

Berechnung der Urlaubsvergütung (§ 11 BUrlG)

Die Urlaubsvergütung ist nach dem Lohnausfallprinzip zu gewähren. Der ArbN hat also in der Zeit des Urlaubs die Vergütung zu erhalten, die er erhalten würde, wenn er arbeiten würde. Maßstab ist das Entgelt der letzten 13 Wochen.

9. Entgeltfortzahlung im Krankheitsfall

Bei Verhinderung des Arbeitnehmers aus persönlichen Gründen ist die Entgeltfortzahlung vorgesehen. Diese ist geregelt in § 616 BGB. Der wichtigste Fall der persönlichen Verhinderung ist die Krankheit. Dafür gibt es ein eigenes Gesetz, das Entgeltfortzahlungsgesetz. Es ist der medizinische Krankheitsbegriff (= jeder regelwidrige geistige oder körperliche Zustand, der einer Heilbehandlung bedarf - das ist schon bei einer Brille der Fall) vom **arbeitsrechtlichen Krankheitsbegriff** zu unterscheiden.

Fall "Die Arbeit ruft": AR-7.2 C

> Herr Kanter, ein Maschinenbediener, der laut ärztlichem Attest bis zum 17. Mai krankgeschrieben ist, meldet sich bereits am 14. Mai bei Ihnen als seinem Vorgesetzten zur Arbeit zurück. Da Sie im Anschluss an ein kurzes Rückkehrgespräch mit ihm keinen Anlass sehen, an seiner Arbeitsfähigkeit zu zweifeln, weisen Sie ihm Aufträge zu. Drei Stunden später fällt Herr Kanter von der Trittleiter, als er auf einem Regal Ersatzteile ablegen will.
>
> *Frage: Durften Sie Herrn Kanter beschäftigen?*

Maßgeblich ist die objektive Beurteilung:

- Ob ein ArbN arbeitsunfähig krank ist, ist nach objektiven medizinischen Kriterien zu beurteilen. „Arbeitsunfähig krank" bedeutet, dass der ArbN außerstande ist, die ihm nach dem Arbeitsvertrag obliegende Arbeit zu verrichten oder dass er die Arbeit nur unter der Gefahr fortsetzen könnte, seinen Zustand zu verschlimmern. Es kommt für das Vorliegen der Arbeitsunfähigkeit auch nicht auf die Kenntnis der Arbeitsvertragsparteien an.

- Kehrt ein Krank-Geschriebener aus eigenem Antrieb vorzeitig zurück, ist der Einsatz solange und soweit möglich, als es für den ArbG nicht offensichtlich ist, dass der ArbN außerstande ist, die ihm nach dem Arbeitsvertrag obliegende Arbeit zu verrichten.

Der ArbN verliert seinen Anspruch auf Lohnfortzahlung für höchstens 6 Wochen nicht. Dies gilt aber nur bei derselben Krankheit(sursache). Erkrankt der ArbN an einer anderen Krankheit, löst dies die Lohnfortzahlungspflicht erneut aus. Die Krankenkassen verwickeln ArbG gern zur Schonung ihrer eigenen Ressourcen in Streitigkeiten über das Krankheitsbild und deren Ursachen.

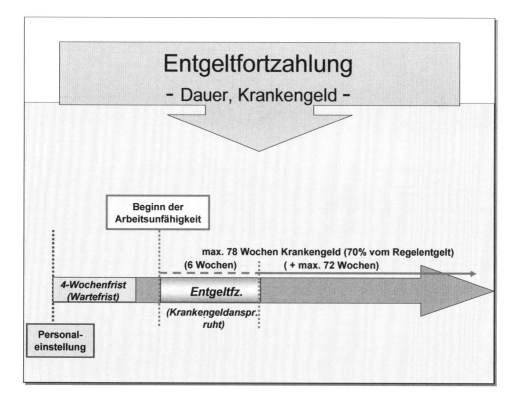

Abbildung 11: Entgeltfortzahlung

Verschulden als Zahlungsausschließungsgrund

Unter Verschulden i.S.d. § 3 EFZG ist nur ein Verhalten zu verstehen, das einen gröblichen Verstoß gegen das einem „verständigen Menschen im eigenen Interesse zu erwartende Verhalten darstellt". Wenn der ArbN mit dem Motorrad auf dem Nürburgring (Einbahnstraße, kein Rennen, normale Straße) mit überhöhter Geschwindigkeit aus der Kurve getragen wird, ist das noch nicht als verschuldet i.S.d. § 3 EFZG anzusehen (LAG Köln).

Im Zusammenhang mit der Krankheit erwachsen dem ArbN einige **Nebenpflichten**, die nunmehr im EFZG ausdrücklich geregelt sind. Anders als dies in der Praxis oft gesehen wird, haben die Anzeige- und die Nachweispflicht grundsätzlich nichts mit dem Anspruch auf Entgeltfortzahlung zu tun. Verstöße gegen diese Pflichten sind Arbeitsvertragsverstöße und lösen eine **Abmahnung**, im Wiederholungsfall auch die Kündigung aus. Der ArbN verliert seinen Anspruch auf Entgeltfortzahlung dadurch aber nicht, allerdings entsteht ein Leistungsverweigerungsrecht des ArbG, solange der Nachweis nicht erbracht ist, dies hemmt aber nur die Lohnzahlung.

Fall "Der fröhliche Weinberg": AR-7.2 B

> Zeit der Weinernte. Betriebsschlosser Keller hat sich bei Ihnen wegen Bandscheibenproblemen für die nächsten vierzehn Tage telefonisch krank gemeldet und ein entsprechendes Attest eingereicht. Nun haben Sie auf einem Abendspaziergang gesehen, dass Herr Keller auf seinem Weinberg munter schwere Körbe mit Trauben trägt.
>
> *Frage: Können Sie die Entgeltfortzahlung verweigern?*

Beweiswert der Arbeitsunfähigkeits-Bescheinigung

Die AU-Bescheinigung ist ein sog. formelles Beweismittel. Der Richter ist grundsätzlich an ihre Aussage gebunden. Es bestehe eine Lebenserfahrung (Vermutung), dass die AU-Bescheinigung richtig sei ("Anscheinsbeweis"). Diesen Anscheinsbeweis kann der ArbG jedoch entkräften, indem er Tatsachen vorträgt und beweist, die dafür sprechen, dass von der normalen Lebenserfahrung hier nicht ausgegangen werden kann. Dem ärztlichen Attest wird jedoch ein hoher Beweiswert zugemessen, und zwar auch einer ausländischen AU-Bescheinigung:

EuGH Fall "Paletta" NZA 96, Seite 635:

Die vierköpfige, italienische Familie Paletta, (Calabrien), die alle beim selben Arbeitgeber tätig sind, erkrankt regelmäßig im Anschluss an den gemeinsamen Heimurlaub drei Wochen lang. Der Arbeitgeber verweigert wegen Zweifeln an der Arbeitsunfähigkeit die Lohnfortzahlung.

Lösung: Der EuGH war zunächst der Meinung: Art. 18 I-IV der Verordnung (EWG) Nr. 574/72 ist dahin auszulegen, dass der Arbeitgeber an die Feststellungen des Fremdarztes gebunden ist (d.h., der Arbeitgeber kann Zweifel an der Arbeitsunfähigkeit nicht geltend machen, der Missbrauchseinwand sei ihm abgeschnitten: "Der Arbeitgeber könne ja die Arbeitsunfähigkeit durch einen Arzt seiner Wahl vor Ort überprüfen lassen", hierzu ermächtige Art. 18 V den Träger = Medizinischer Dienst der Krankenkassen).
Im zweiten Anlauf war das EuGH (02.05.1996) milder gestimmt: Die Auslegung der EWG-Verordnung (Nr. 574/72) verwehre es dem Arbeitgeber nicht, Nachweise zu erbringen, anhand derer das nationale Gericht ggf. feststellen kann, dass der Arbeitnehmer missbräuchlich oder betrügerisch eine Arbeitsunfähigkeit gemeldet hat, ohne krank gewesen zu sein.

Als Rechtfertigung für bezahlte Fehlzeiten eines ArbN kommen nicht nur krankheitsbedingte Unmöglichkeit oder Unzumutbarkeit der Arbeitsleistung in Betracht, sondern **auch andere persönliche Hinderungsgründe**, wenn diese vom ArbN nicht verschuldet wurden und die Arbeitsunterbrechung für einen nur unerheblichen Zeitraum (im Vergleich zur bisherigen Dauer des Arbeitsverhältnisses) anhält (§ 616 BGB). Beispiele sind **herausragende familiäre Ereignisse** (eigene Hochzeit oder die der Kinder, Beerdigung eines nahen Angehörigen), **persönliche Unglücksfälle** (unverschuldete Verkehrsunfälle, Brand, Einbruch), **Pflege plötzlich erkrankter naher Angehöriger** (bei der Betreuung eines erkrankten Kindes ist § 45 SGB V mit zu berücksichtigen), (unverschuldete) Vorladungen bei Behörden und Gerichten; **Arztbesuche**, wenn sie aus medizinischen Gründen während der Arbeitszeit erforderlich sind bzw. wenn für sie aufgrund der Praxisorganisation des Arztes kein zeitnaher Termin außerhalb der Arbeitszeit angeboten werden kann (eine abschließende Regelung zu Arztbesuchen enthalten oft Tarifverträge oder Betriebsvereinbarungen).

Da § 616 BGB **nur soziale Härtefälle** von dem Grundsatz „kein Lohn ohne Arbeit" ausnehmen will, ist **keine** bezahlte Freistellung für Maßnahmen der **privaten Lebensführung** vorgesehen. Deshalb kann sich nicht auf diese Vorschrift berufen, wer z. B. während der Arbeitszeit sein Auto beim TÜV vorführt oder seinen Umzug bewerkstelligt: hier muss sich der ArbN rechtzeitig um eine unbezahlte Freistellung bemühen.

II. Folgen von Pflichtverletzungen

Grundsätzlich gelten für Schadensersatzansprüche gegen den ArbN und umgekehrt die Schuldrechtsregeln, wie sie in den §§ 275, 326 des Allgemeinen Teils des Schuldrechts des BGB vorgesehen sind. Die alte Unterscheidung in Unmöglichkeit, Verzug, positive Vertragsverletzung ist relativiert, d.h. nur noch von den Rechtsfolgen her, nicht aber von den Voraussetzungen her bestehen Unterschiede.

1. Ansprüche des Arbeitgebers gegen den Arbeitnehmer

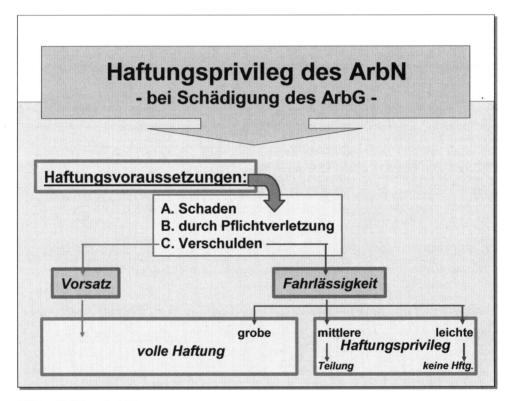

Abbildung 12: Haftung des ArbN

Maßgeblich ist das Vorliegen einer **Pflichtverletzung** des ArbNs.

Fall "Das verwechselte Kabel": AR-4.7 A

> Betriebselektriker Müller, ein vor einer Woche neu eingestellter Mitarbeiter, hat bei der Wartung der Abfüllanlage eine Ader aus einem Kabelbaum infolge einer Verwechslung falsch angeschlossen. Dadurch wurde ein Brand ausgelöst, der einen Schaden in Höhe von 120.000 Euro verursachte (Zerstörung eines Teils der Anlage; Produktionsstillstandskosten).
>
> *Frage: Kann Ihr Unternehmen den vollen Schaden von Herrn Müller ersetzt verlangen?*

Das folgende **Prüfungsschema** ist anzuwenden:

1. Schritt. Liegt ein Schaden vor, d.h. ist eines der Rechtsgüter aus § 823 ff. BGB verletzt (z. B. Eigentum, Gesundheit, eingerichteter und ausgeübter Gewerbebetrieb)?

2. Schritt: Pflichtverletzung durch den Arbeitnehmer?
   Dazu muss er arbeitsvertraglich geschuldete Haupt- oder Nebenpflichten (Sorgfalts-, Überwachungs-, (Auf-)Bewahrungspflichten, interne bzw. externe Sicherheitsregeln (Berufsgenossenschaft etc.) verletzt haben

3. Schritt: Ist diese Pflichtverletzung schuldhaft erfolgt, also vom ArbN zu vertreten (Maßstab des § 276 BGB vorsätzlich oder – wie meist - fahrlässig)?
   Hier wird durch die neue Beweislastregel in § 619a eine für den Arbeitnehmer günstigere Regelung getroffen. Zweifel, ob ein Verschulden vorliegt, gehen zu Lasten des ArbGs. Nicht selten wird ein Mitverschulden des ArbG (§ 254) eine Rolle gespielt haben. Dies ist anzunehmen, wenn der Arbeitgeber z. B. notwendige Anweisungen nicht erteilt, bzw. Überwachungsmaßnahmen nicht durchgeführt, Aufklärungs- und Informationspflichten versäumt oder mangelhaftes Arbeitsgerät zur Verfügung gestellt hat. Dann kann der ArbN höchstens bis zur Hälfte oder einer entsprechend geringeren Quote für den Schaden in Anspruch genommen werden.

In vielen Fällen greift das **Haftungsprivileg** zugunsten des ArbNs: Bei leichter Fahrlässigkeit (geringe Schuld = könnte jedem passieren) kommt es zu Haftungsausschluss, bei mittlerer Fahrlässigkeit (nur geringe Vorwerfbarkeit) kommt es wie oben zur Quotelung.

2. Ansprüche des Arbeitnehmers gegen den Arbeitgeber

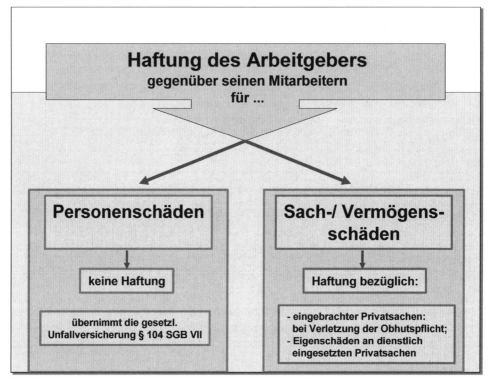

Abbildung 13: Haftung des ArbG

Der Schadensersatzanspruch des Arbeitnehmers beruht ebenfalls auf den allgemeinen Anspruchsgrundlagen § 823 ff. BGB (Haftung wegen schuldhafter Verletzung von Leib, Leben, Gesundheit, Eigentum) oder resultiert aus der Verletzung von Haupt- oder Nebenpflichten (z. B. Fürsorge) aus dem Arbeitsvertrag (§ 280). Ein Fehlverhalten des Arbeitgebers wird auch schon im Zeitraum von der Vertragsanbahnung (vorvertragliches Vertrauensverhältnis) erfasst und dauert an über die tatsächliche Vertragsbeendigung hinaus (z. B. Haftung wegen verlorener Arbeitspapiere oder unrichtiger Abführung von Rentenversicherungsbeiträgen).

(Nur) hinsichtlich eines Schadensereignisses anlässlich von **Arbeitsunfällen** (Begriffsdefinition in § 8 Abs.1 SGB VII „Unfall ... infolge einer versicherten Tätigkeit am Arbeitsplatz oder anlässlich bestimmter Fahrten zwischen Wohnung und Betrieb"), gibt es eine **Haftungsbeschränkung**, sie betrifft ausschließlich **Personenschäden. Nicht** der ArbG, sondern die **Berufsgenossenschaft** tritt nach §§ 8, 104 SGB VII für den **Schadensausgleich** ein. Die

Haftungsbeschränkung greift nicht nur, wenn der Arbeitsunfall sich direkt bei der unmittelbar den Hauptzweck des Arbeitsverhältnisses bildenden Tätigkeit ereignet hat, sondern die Verrichtung sonst wie dienstlich veranlasst ist, also nicht privatnützig ist.

Fall "Der Sturz von der Leiter": AR-6.2 B

> Aus Anlass einer Video-Vorführung soll der Sitzungssaal abgedunkelt werden. Doch ein Rollo klemmt. Deshalb bitten Sie Ihren Vertriebsassistenten, eine Leiter zu holen und die Störung zu beseitigen. Dabei kommt es zu einem Unfall: Weil die Sicherheitsverriegelung der Leiter nicht richtig einrastet, stürzt der Assistent herunter und bricht sich einen Arm.
>
> *Frage: Muss der Arbeitgeber dem Verletzten Schadensersatz leisten?*

Die Rechtfertigung für dieses **Privileg** des ArbG wird auf zwei Argumente gestützt:

- Der ArbG finanziert mit seinen von ihm allein aufgebrachten Beiträgen gegenüber der Berufsgenossenschaft gleichsam eine Haftpflichtversicherung.

- Er erkauft sich durch seine Beiträge den Betriebsfrieden, der sonst durch Schadensersatzstreitigkeiten gefährdet wäre (Friedensargument).

Allerdings gibt es wieder eine Rückausnahme in § 104 SGB VII, wenn der ArbG:

- die Schädigung vorsätzlich herbeigeführt hat (es reicht ein „In Kauf nehmen bei voller Kenntnis der eingetretenen Konsequenzen aus")

- einen Wegeunfall § 8 Abs. 2 Nr. 1 bis 4 SGB VII ursächlich herbeigeführt hat und sich damit kein betriebliches, sondern ein "normales" Verkehrs-Risiko verwirklicht hat.

Ansprüche gegen den Arbeitgeber kann es für den ArbN auch nach den **„Auftrags"**-Regeln des §§ 662 ff. BGB geben: Wenn es beim Vollzugs des Arbeitsverhältnisses aus weder vom ArbG noch vom ArbN zu vertretenden Gründen zu einem Schadensereignisse kommt, trägt der ArbG nach § 667 BGB als Auftraggeber die dadurch notwendig gewordenen Aufwendungen bzw. Auslagen des ArbN (z. B. Reparaturkosten).

Fall "Unfall auf Dienstfahrt im Privatauto": AR-6.3 B

> Der Bankangestellte Müller fährt in dienstlichem Auftrag mit seinem Privatwagen von der Zentrale zu einer Zweigstelle. Dabei kommt es zu einem Verkehrsunfall mit erheblichem Sachschaden an beiden Autos, weil Herr Müller in der Eile und bei ungünstigen Sichtverhältnissen ein parkendes Fahrzeug gestreift hat.
>
> *Frage: Kann Herr Müller den Schaden von seinem Arbeitgeber ersetzt verlangen?*

3. Haftung unter Arbeitskollegen

Einen **grundsätzlichen Haftungsausschluss** mit **Verweis** auf die **Berufsgenossenschaft** gibt es auch bei Schadensereignissen, die **Arbeitskollegen untereinander** („Personen, die bei betrieblicher Tätigkeit einen Versicherungsfall von Versicherten desselben Betriebes verursachen") zustoßen (= § 105 SGB V II). Auch hier gelten aber dieselben **Ausnahmen** wie oben:

- Vorsatz befreit auch bei Personenschäden nicht von der Haftung.

- Schadensersatzansprüche wegen Sachschäden können auch gegen Kollegen geltend gemacht werden.

Fall "Eile mit Weile": AR-4.7 B

> Vorstandsassistent Tappert hetzt die Treppen zum Konferenzsaal hoch, in den Händen ein Videogerät. In der Eile rempelt er gegen Frau Sauer, die das Gleichgewicht verliert und sich beim Sturz den Oberschenkelhals bricht. Auch ihr Designer-Hosenanzug ist hinüber.
>
> *Frage: Muss Assistent Tappert den Schaden ersetzen?*

III. Beendigung des Arbeitsverhältnisses

Eine Kündigung ist eine **einseitige, empfangsbedürftige und unwiderrufliche** Willenserklärung, die die eine Vertragspartei der anderen gegenüber ausspricht, um eine Dauerbeziehung (wie hier das Arbeitsverhältnis) mit Wirkung für die Zukunft aufzulösen. Der Kündigende kann den auf Dauer angelegten Leistungsaustausch auch gegen den Willen der anderen Partei beenden. Für den Zugang der Kündigungserklärung gelten die allgemeinen Grundsätze des Rechts der Willenserklärungen aus dem BGB. Eine Kündigung per Fax, E-mail, SMS usw. ist nicht wirksam, der 2. Halbsatz von § 623 BGB schließt ausdrücklich die „elektronische Form" für Kündigungen aus.

Das **Vorliegen der Kündigungsgründe** muss im Zweifel der ArbG **beweisen** (näheres je nach Typ der Kündigung s.u.), ein Verdacht reicht nicht aus.

Fall "Eine Stechuhr ist geduldig": AR-4.5 A

> Dem Chef kommt zu Ohren, dass drei Schlosser aus der Produktion ihre Frühstückspause fast jeden Tag zwischen 8.30 und 9.15 Uhr in einer auswärtigen Gaststätte verbringen, ohne an der Stechuhr auszustechen. Betrieblicherseits gilt eine Frühstückspause von 15 Minuten Dauer.
>
> *Frage: Können Sie die drei Schlosser sofort „feuern"?*

Weil bei der Kündigung Fristen einzuhalten sind und der Betriebsrat Mitbestimmungsrechte besitzt, sollte aus ArbG-Sicht zuerst geprüft werden, ob man auf andere Weise zu einer Beendigung kommen kann. Wenn keine Kündigung ausgesprochen wird, muss weder § 9 MuSchuG (Kündigungsverbot für Schwangere) noch das Zustimmungserfordernis des Integrationsamtes nach dem Sozialgesetzbuch IX bei Schwerbehinderten beachtet werden.

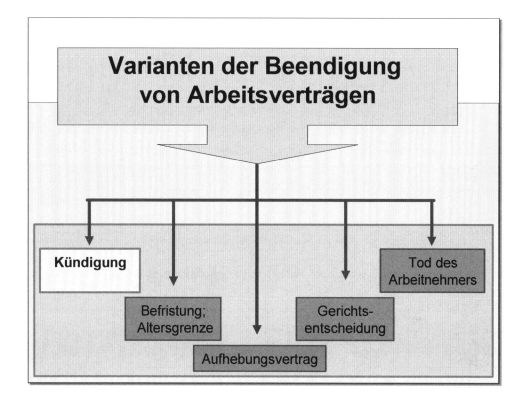

Abbildung 14: Varianten der Beendigung von Arbeitsverträgen

Zu einer gerichtlichen Entscheidung kommt es häufig im Rahmen von Anfechtungsprozessen. Die Anfechtung nach **§ 123 BGB** (arglistige Täuschung) kommt als Rechtsfolge der **Falschbeantwortung zulässiger Fragen** im Bewerbergespräch durch den ArbN in Frage. Auch die **mangelnde Eignung** zur Erfüllung der Anforderungen eines bestimmten Arbeitsplatzes kommt als Anfechtungsgrund **§ 119 II BGB** („Irrtum über verkehrswesentliche Eigenschaft") infrage, wenn der ArbN dies wusste oder nach den Umständen erkennen musste. (Nur) bei befristeten Verträgen, innerhalb derer der Umgang mit Lasten am Arbeitsplatz vereinbart wurde, ist die nicht mitgeteilte Schwangerschaft wegen des Tätigkeitsverbots aus dem MuSchG verkehrswesentlich.

Fall "Die verschwiegene Schwangerschaft": AR-2.3 A

Eine neue Mitarbeiterin, die Sie vor drei Wochen als Laborantin für das Kunststofflabor einge-stellt haben, hat gerade der Personalstelle offenbart, dass sie sich im vierten Monat ihrer Schwangerschaft befindet. Im Rahmen des Vorstellungsgespräches hatte die Bewerberin Ihre Frage nach der Schwangerschaft verneint.

Frage: Können Sie sich von dieser Mitarbeiterin unter Berufung auf die Täuschung fristlos trennen?

Schwierig ist jeweils die Frage der **Ursächlichkeit** der Täuschung bzw. der Eigenschaft vom ArbG zu beweisen: Wäre der Mitarbeiter bei Kenntnis der Täuschung bzw. der verschwiege-nen Fakten auch eingestellt worden? Hat sich der verheimlichte Umstand bzw. Mangel gar **nicht** auf das Arbeitsverhältnis **ausgewirkt** entfällt die Anfechtungsmöglichkeit.

Beispiel: Trotz gefälschtem Berufsbildungsabschluss wurde langjährige zufriedenstellende Facharbeitertätigkeit erbracht.

Trotz § 142 BGB vernichtet die Anfechtung das Arbeitsverhältnis **nicht rückwirkend**, son-dern nach den Grundsätzen des „faktischen" Arbeitsverhältnisses nur vom Zeitpunkt der Er-klärung.

1. Aufhebungsvertrag ordentliche und fristlose Kündigung

Wegen der kontraproduktiven Wirkungen der Sozialauswahl (die Leistungsstärksten müssen zuerst gekündigt werden) und den hohen Beweisanforderungen versuchen viele ArbG, statt betriebsbedingter Kündigungen auf Aufhebungsverträge mit attraktiven Abfindungsangebo-ten auszuweichen. Seit 01.05.2000 gibt es eine formale Hürde:

§ 623 BGB lässt nur noch **schriftliche** Aufhebungsverträge zu, aus denen das gegenseitige Einvernehmen und die wesentlichen Punkte der Einigung erkennbar werden. Mündliche Ein-verständniserklärungen des Arbeitnehmers, die nicht selten vom Arbeitgeber im Laufe eines Streits um Arbeitsbedingungen provoziert waren („Das lasse ich mir nicht bieten, dann gehe ich eben ..."), haben danach keinen rechtsgeschäftlichen Erklärungswert mehr.

Mustertext

Aufhebungsvertrag

Zwischen

der Firma Karl Zander GmbH,
Industriestr. 27, 65213 Wiesbaden

Und

Frau Emma Kraft,
Beutelstr. 6, 65199 Wiesbaden

wird folgender **AUFHEBUNGSVERTRAG** geschlossen:

§ 1 Beendigung des Arbeitsverhältnisses
Der am 1. April 20.. abgeschlossene Arbeitsvertrag wird im gegenseitigen Einvernehmen aufgelöst. Das Beschäftigungsverhältnis endet nunmehr mit Ablauf des 30. September 20..

§ 2 Freistellung/Resturlaub
Die Arbeitnehmerin wird bis zum Vertragsende unter Fortzahlung der vertraglich vereinbarten Bezüge von ihren vertraglichen Verpflichtungen unwiderruflich freigestellt. Die Freistellung erfolgt unter Anrechnung noch vorhandener Resturlaubsansprüche.

§ 3 Zeugnis
Die Arbeitnehmerin erhält bis spätestens 28. September 20.. ein qualifiziertes Zeugnis, das sich auf Führung und Leistung erstreckt und im rechtlich zulässigen Rahmen Formulierungswünsche der Arbeitnehmerin berücksichtigt.

§ 4 Kündigungsschutzklage
Die vorsorglich eingelegte Kündigungsschutzklage vom 8. August 20.. wird die Arbeitnehmerin zurücknehmen.

§ 5 Schlussformel
Mit dieser Vereinbarung sind sämtliche Ansprüche aus dem Vertragsverhältnis, seiner Beendigung und für die Zeit nach Beendigung erledigt und abgegolten, soweit sich aus dieser Vereinbarung nichts anderes ergibt. Die evtl. Unwirksamkeit einzelner Klauseln dieser Vereinbarung soll die Wirksamkeit der übrigen Klauseln nicht berühren.

Wiesbaden, den 3. September 20..

Unterschrift   Unterschrift

....

Eine am Arbeitsplatz abgeschlossene Beendigungsvereinbarung ist **kein Haustürgeschäft** im Sinne des § 312 Abs. 1 Satz 1 Nr. 1 BGB. Der ArbN ist deshalb nicht zum Widerruf seiner Erklärung nach §§ 312, 355 BGB berechtigt (BAG vom 27.11.2003).

Für den ArbN besteht das **Risiko**, dass er die rechtlichen Folgen der Vereinbarung falsch einschätzt. Grundsätzlich muss er sich selber Klarheit über die Konsequenzen verschaffen. Eine **Belehrungspflicht** des ArbG wird freilich dann angenommen, wenn die Initiative zum Abschluss des Aufhebungsvertrages vom ArbG ausgeht und dieser weiß oder vermutet, dass dem ArbN wegen des Aufhebungsvertrages **sozialrechtliche Nachteile drohen**. Bei einer Verletzung dieser Pflicht haftet der Arbeitgeber auf Schadensersatz. Seit 2006 sind Entlassungsabfindungen nicht mehr steuerbefreit.

Die einvernehmliche Beendigung des Arbeitsverhältnisses führt aufseiten des ArbN grundsätzlich zu einer **Sperrzeit** von **zwölf Wochen wegen Arbeitsaufgabe**, während der das Arbeitsamt kein Arbeitslosengeld zahlt (§ 144 Abs. 2, 3 SGB III). Der Aufhebungsvertrag löst nur dann keine Sperrzeit aus, wenn die Arbeitslosigkeit aus anderweitigen Gründen zum gleichen Zeitpunkt eingetreten wäre (fehlende Kausalität = z. B. Betriebsschließung) **oder** wenn ein **wichtiger Grund** den Aufhebungsvertrag rechtfertigt (z. B. der ArbN leidet an einer Allergie gegen Arbeitsstoffe).

Das Bundessozialgericht hat in seiner Entscheidung vom 18.12.2003 = NZA 2004 Seite 661 auch eine **Vereinbarung** über die **Hinnahme** der Kündigung **(Abwicklungsvertrag)** mit einer **Sperrzeit** für den Bezug des Arbeitslosengeldes geahndet, es sei denn, der ArbN könnte sich auf einen wichtigen Grund für den Abschluss des Abwicklungsvertrags berufen (§ 144 Abs. 1 S. 1 SGB III). Das sei nur der Fall, wenn die Arbeitgeberkündigung objektiv rechtmäßig war. Es steht zu befürchten, dass dies die Agenturen für Arbeit in der Praxis zum Anlass nehmen, noch **restriktiver** zu verfahren.

Als anderes Risiko zum Nachteil des ArbN kommt eine Anrechnung des Arbeitslosengeldes auf die Abfindung in Betracht. Für den ArbG birgt die einvernehmliche Trennung von einem älteren Mitarbeiter immer die Gefahr in sich, dem Arbeitsamt **Arbeitslosengeld zurückerstatten** zu müssen (§ 147a Abs.1 SGB III).

Ein gerechter Ausgleich setzt eine Abfindungsregelung voraus. Ein gesetzlich geregelter Fall für Abfindungen aus Anlass des Verlustes eines Arbeitsplatzes findet sich in § 10 KSchG, der **nicht direkt** (kein Prozessvergleich), aber dem Sinn nach Anwendung findet.

Bei geteiltem Prozessrisiko verwendet die Praxis für die **Höhe der Abfindung** gern folgende Formel:

> Ø ½ bis 1 Bruttomonatsgehalt (je nach sozialer Schutzbedürftigkeit) x Jahre der Betriebszugehörigkeit x Risikofaktor*

> * der Risiko-Faktor richtet sich nach den Prozesschancen:
> Bei offensichtlich unwirksamer Kündigung liegt er größer als 1,
> bei offensichtlich wirksamer Kündigung bei 0;
> das heißt in der Praxis irgendwo dazwischen.

Eine Anhörung des BetrR nach § 102 BetrVG ist **nicht** erforderlich. Allerdings können Abfindungsregeln Gegenstand eines Sozialplanes nach §§ 111 ff. BetrVG sein, so dass dann ein Unterschreiten dieser Grundsätze der Höhe nach vom Betriebsrat beanstandet werden kann.

Eine Risikoverschärfung für den ArbG, aber auch den ArbN ist eine **Ausgleichsklausel** in einem **Aufhebungsvertrag**. Damit wird auf Rechtsansprüche aus dem Arbeitsverhältnis, die evtl. noch bestehen, verzichtet. Sie ist grundsätzlich weit auszulegen. Daher können Ausgleichsklauseln typischerweise auch ein bestehendes nachvertragliches Wettbewerbsverbot und den daraus folgenden Anspruch auf eine Karenzentschädigung aufheben, ohne dass es diesbezüglich einer gesonderten Vereinbarung bedarf (BAG vom 19.11.2003). Allerdings ist eine Ausschlussfristenregelung in einem Formulararbeitsvertrag, die sich auf **alle Ansprüche** aus dem Arbeitsverhältnis und die mit ihm in Verbindung stehenden erstreckt, wegen Verstoßes gegen den gesetzlichen Grundgedanken in § 202 Abs. 1 BGB nach § 307 Abs. 1,2 Nr. 1 BGB **insgesamt nichtig.**

Konkurrenz zum Aufhebungsvertrag könnte evtl. die neue Bestimmung in **§ 1a KSchG** machen, nach der der ArbG bei einer betriebsbedingten Kündigung die Möglichkeit (aber nicht die Pflicht) bekommt, gleichzeitig („in der Erklärung") eine **Abfindung** anzubieten. Der ArbN kann dann entscheiden, ob er eine Kündigungsschutzklage erhebt, oder darauf verzichtet und damit das Angebot annimmt. In diesem Fall steht ihm die gesetzliche Abfindung in Höhe eines halben Monatsverdienstes für jedes Jahr der Beschäftigung zu. Ein Zeitraum von mehr als sechs Monaten wird auf ein volles Jahr aufgerundet.

Kündigung

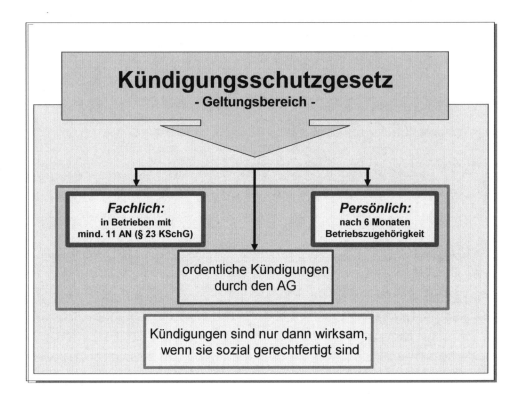

Abbildung 15: Geltungsbereich des Kündigungsschutzgesetzes

Das Kündigungsschutzgesetz betrifft nur die **arbeitgeberseitige Kündigung** (§ 1 Abs. 1 KSchG); andere Beendigungstatbestände lässt das Kündigungsschutzgesetz unberührt. Der **betriebliche Geltungsbereich** erfasst Betriebe und Verwaltungen des privaten und des öffentlichen Rechts; er **klammert jedoch Kleinbetriebe aus**, in denen in der Regel **10** oder weniger Arbeitnehmer ausschließlich der Auszubildenden beschäftigt werden (sog. Kleinstbetriebsklausel § 23 Abs.1 KSchG). Teilzeitbeschäftigte finden dabei anteilige Berücksichtigung, bis 20 Wochenstunden 0,5, bis 30 Wochenstunden 0,75; darüber werden sie voll eingerechnet. Wer bis zum 31.12.2003 in Betrieben zwischen sechs und zehn Beschäftigten tätig war, fällt persönlich weiterhin unter das Kündigungsschutzgesetz, so lange er in dem betreffenden Betrieb beschäftigt bleibt. Ob der Vorbehalt für Kleinbetriebe nur für solche mit bis zu fünf, oder auch zwischen sechs und zehn Beschäftigten gilt, ist vom Gesetzgeber **mehrfach abgeändert** worden. Er hat zur Folge, dass das Kündigungsschutzgesetz nicht für die Masse der kleinen Einzelhandelsunternehmen, Handwerksbetriebe und Praxen von Freiberuflern gilt.

Zwei Hauptargumente werden für die Ausgrenzung der Kleinstbetriebe vorgebracht:

- Die finanziellen Folgen des Kündigungsschutzes treffen Kleinstunternehmen unangemessen härter als Groß- und Mittelbetriebe.

- Wenn in Kleinstunternehmen die Arbeitsvertragspartner nicht harmonieren, wird angesichts der täglichen Nähe selbst Zwang sie nicht zusammenhalten.

Allerdings können auch gekündigte ArbN aus Kleinstbetrieben mit Aussicht auf Erfolg gegen ihre Entlassung klagen, wenn die **Kündigung willkürlich, rechtsmissbräuchlich oder diskriminierend** war. Die Gerichte erwarten, dass auch in einem Kleinstbetrieb ein Mindestmaß an sozialer Rücksichtnahme gewahrt wird (BAG v. 21.02.2001 – 2 AZR 15/00, NZA 2001, 833) und unter austauschbaren Arbeitskräften eine **Sozialauswahl** stattfindet (BAG v. 06.02.2003).

In zeitlicher Hinsicht erfasst das Kündigungsschutzgesetz nur ArbN, deren Arbeitsverhältnis **länger als sechs Monate** bestanden hat (**„Wartezeit"**). Während der Wartezeit soll der ArbG Gelegenheit haben, den neuen Mitarbeiter kennen zu lernen, bevor dieser seinen Kündigungsschutz erlangt. Die **Wartefrist beginnt** mit dem Tage, ab dem der ArbN **zur Verfügung des ArbG stehen sollte**. Dabei richtet sich die Dauer des rechtlichen Bestandes nach dem zuletzt abgeschlossenen Arbeitsverhältnis. Die Dauer eines unmittelbar vorangegangenen **Ausbildungsverhältnisses** wird auf die Wartezeit **angerechnet.**

Kündigungsfristen

Die regulären Fristen, die zwischen Ausspruch der Kündigung und Eintritt der Rechtswirkungen (Wegfall des Arbeitsvertrages) entstehen, sind in § 622 BGB geregelt: In den §§ des in der jeweiligen Branche geltenden Tarifvertrag finden sich oftmals **längere** Kündigungsfristen.

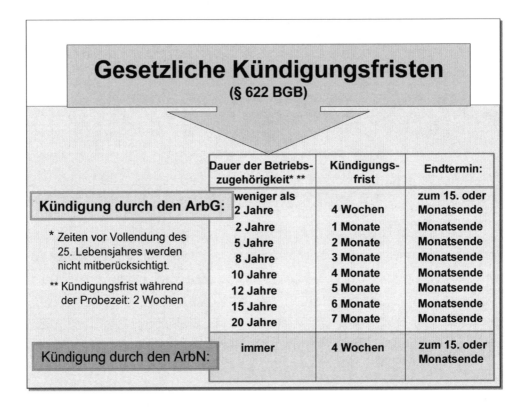

Gesetzliche Kündigungsfristen
(§ 622 BGB)

Kündigung durch den ArbG:

* Zeiten vor Vollendung des 25. Lebensjahres werden nicht mitberücksichtigt.

** Kündigungsfrist während der Probezeit: 2 Wochen

Dauer der Betriebs-zugehörigkeit* **	Kündigungs-frist	Endtermin:
weniger als 2 Jahre	4 Wochen	zum 15. oder Monatsende
2 Jahre	1 Monate	Monatsende
5 Jahre	2 Monate	Monatsende
8 Jahre	3 Monate	Monatsende
10 Jahre	4 Monate	Monatsende
12 Jahre	5 Monate	Monatsende
15 Jahre	6 Monate	Monatsende
20 Jahre	7 Monate	Monatsende

Kündigung durch den ArbN:

immer	4 Wochen	zum 15. oder Monatsende

Abbildung 16: Die gesetzlichen Kündigungsfristen

Zu beachten ist ferner die **Klageerhebungsfrist** gem. § 13 Abs. 1 S. 2 KSchG, wonach die Unwirksamkeit der Kündigung generell **binnen 3 Wochen** vom ArbN beim Arbeitsgericht geltend zu machen ist.

Fall "Die kalte Dusche nach dem Urlaub": AR-9.7 G

Nach ihrer Rückkehr von Mallorca am 28. September findet Frau Sommer unter ihrer Post ein Einwurf-Einschreiben vor, das einen Zustellungsvermerk vom 2. September trägt und innen eine Kündigung enthält. Sie entschließt sich spontan, die Kündigungsschutzklage zu erheben.

Frage: Kann die Klage noch zugelassen werden?

Schließlich ist in Betrieben, für die das Betriebsverfassungsgesetz gilt, noch ein weiteres **Fristerfordernis** zu beachten: Es gilt eine 1-Wochen- bzw. 3-Tagefrist zur Anhörung des Betriebsrats (§ 102 BetrVfG), dazu später unten im 2. Teil.

Auf eine **fristlose Kündigung** findet das Kündigungsschutzgesetz keine Anwendung. Sie setzt bei „Abwägung aller Umstände der Beteiligten" die **Unzumutbarkeit** der Fortsetzung des Arbeitsverhältnisses „auch nur bis zum Ablauf der regulären Frist" voraus. Die Verletzung von (Vertrags-) Pflichten aus Leistungs- und/oder Vertrauensbereich muss also **außerordentlich** schwer wiegen, und die Zusammenarbeit auf Dauer unmöglich machen. Der ArbG kann bei Zweifeln, ob er im Einzelfall den hohen Anforderungen an die Begründung gerecht geworden ist oder im Falle von Beweisschwierigkeiten zugleich mit der außerordentlichen Kündigung **vorsorglich eine ordentliche Kündigung** zum nächst zulässigen Termin aussprechen. Er muss den Betroffenen und den Betriebsrat nach § 102 BetrVG aber deutlich darauf hinweisen, dass die geplante außerordentliche Kündigung **hilfsweise** auch als ordentliche Kündigung gelten soll. Zusätzlich zu beachten ist die spezielle Reaktionsfrist von 14 Tagen gem. § 626 BGB.

Fall „Der geschwätzige Chefbuchhalter": AR-9.5 A

> Am Tage der geplanten Pressekonferenz, auf der Sie den Geschäftsbericht veröffentlichen wollen, können Sie bereits am Morgen die wichtigsten Punkte aus dem Jahresabschluss in der überregionalen Tagespresse lesen. Nachdem Sie eiligst den Chefbuchhalter mit scharfen Worten zur Rede gestellt haben, gibt dieser mit hochroten Ohren seine Indiskretion zu. Sie geben ihm zehn Minuten, damit er unter Aufsicht seinen Schreibtisch für immer räumen kann. Anschließend lassen Sie ihm das Entlassungsschreiben übergeben. (Ein Betriebsrat wurde nicht gewählt.)
>
> *Frage: Ist die Kündigung wirksam?*

Kündigungen durch den ArbG sind **sozial unerwünscht** und sollen nur in begründeten Fällen möglich sein, weil der ArbN bei einer Entlassung viel zu verlieren hat: Er verliert seinen Platz unter den Arbeitskollegen, die gewohnte Tätigkeit und die finanzielle Grundlage für den Unterhalt von sich selbst und von seiner Familie. In Zeiten hoher Arbeitslosigkeit wird es ihm schwer fallen, einen neuen Arbeitsplatz zu finden. Deshalb kennzeichnet der **Bestandsschutz** für das existente Arbeitsverhältnis das Arbeitsrecht.

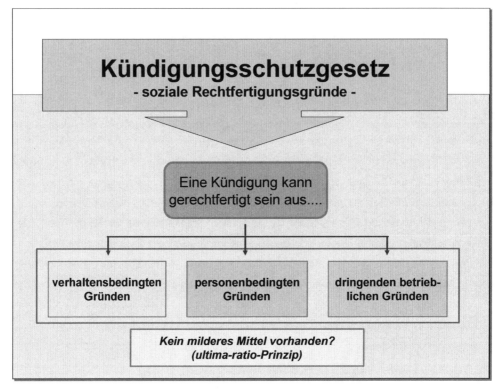

Abbildung 17: Kündigungsschutz Übersicht

Das **Ultima-Ratio-Prinzip** besagt, dass Kündigungen vonseiten des ArbG(!) nur zulässig sind, wenn sich die Entlassung unter Berücksichtigung aller Umstände des Einzelfalles als einziges geeignetes, erforderliches und zugleich angemessenes Mittel erweist zur Lösung des Konflikts zwischen dem Interesse des ArbN am Fortbestand seines Arbeitsverhältnisses („Bestandsschutzinteresse") und dem Interesse des Arbeitgebers an der Auflösung der Rechtsbeziehung („Auflösungsinteresse"). Eine Kündigung durch den ArbG ist nur dann rechtmäßig, wenn dem ArbG **kein angemessenes milderes Mittel** zu Gebote steht. **Mildere Maßnahmen** können z. B. sein: Versetzung, Umsetzung, Umgruppierung, Betriebsbuße, Frühpensionierung oder eine Änderungskündigung statt einer ordentlichen (Beendigungs-) Kündigung.

Änderungskündigung

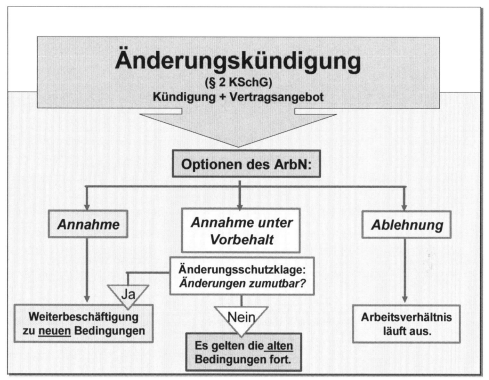

Abbildung 18: Änderungskündigung

Dabei handelt es sich um eine Kündigung durch den ArbG, die dieser **mit einem Angebot zur Fortsetzung** des Arbeitsverhältnisses unter veränderten Vertragsbedingungen verbindet vgl. § 2 KSchG. Die Kündigung wird in diesem Fall als Druckmittel eingesetzt, um den ArbN dazu zu bewegen, sich mit ungünstigeren Vertragsbedingungen einverstanden zu erklären vgl. § 311 Abs.1 BGB. Sie bedarf der Schriftform § 623 BGB. Der ArbN kann das neue Vertragsangebot **ablehnen**. Dann greift die Kündigung, gegen die er sich mit der Kündigungsschutzklage wehren kann. Unterliegt der ArbN im Prozess, hat er seinen Arbeitsplatz endgültig verloren. **Alternativ** kann der ArbN das Vertragsangebot **unter dem Vorbehalt** annehmen, dass die Änderung der Arbeitsbedingungen nicht sozial ungerechtfertigt ist (§ 2 KSchG), und sodann die Kündigungsschutzklage (besser: **„Änderungsschutzklage"**) erheben. **Das Arbeitsgericht prüft** dann, ob der geltend gemachte Kündigungsgrund (d.h. der personenbedingte, verhaltensbedingte oder dringende betriebliche Grund) geeignet ist, die angestrebte Vertragsänderung zu rechtfertigen. **Beanstandet** das Gericht die Änderungen (gibt es also der Klage statt), besteht der bisherige Arbeitsvertrag unverändert fort; hält das Gericht dagegen die Klage für unbegründet, gelten die neuen (ungünstigeren) Vertragsbedingungen.

Die arbeitsrechtliche Praxis kennt **zwei zulässige Erscheinungsformen** der Änderungs-kündigung:

- die unbedingte Kündigung, verbunden mit dem Angebot zum Abschluss eines Ar-beitsvertrages zu den veränderten (für den Arbeitnehmer ungünstigeren) Bedingun-gen.

- Kündigung unter der aufschiebenden Bedingung, dass der Arbeitnehmer der gleich-zeitig angebotenen Vertragsänderung nicht zustimmt (eine derartige Bedingung ist zulässig, weil ihr Eintritt vom freien Willen des Gekündigten abhängt).

Einschneidend aus ArbN–Sicht ist die Beendigungskündigung.

2. Verhaltensbedingte Kündigung

Abbildung 19: Verhaltensbedingte Kündigung

Eine Alternative ist die verhaltensbedingte Kündigung, die auf die **vorsätzliche oder fahrlässige Verletzung einer Vertragspflicht** gestützt wird. Die Rechtsprechung lässt eine derartige Kündigung nur gelten, wenn sie mit einem Pflichtenverstoß begründet wird, der zeitlich nach einer vorhergehenden **Abmahnung** begangen worden ist, und damit die Beharrlichkeit der Pflichtverletzung feststeht. Die Abmahnung (oben Disziplinarmaßnahmen) ist ausnahmsweise entbehrlich, wenn das Vertrauensverhältnis zerstört worden ist. Anlässe für eine verhaltensbedingte Kündigung können sowohl im **Leistungsbereich** d.h. äußeren Handlungen und Verhaltensweisen gegenüber dem ArbG oder z. B. Kunden, als auch im **Vertrauens**bereich (insbesondere Unterlassen) liegen:

- Ablehnung von Überstunden, trotz Verpflichtung in Betriebsvereinbarung

- Tätlichkeiten, Beleidigungen

- Schlechtleistung (quantitativ, qualitativ) → 50 % unter Durchschnitt

- Verdacht o. Überführung einer Straftat

- Abwerbung von Kunden / Kollegen

- Bruch von Betriebs- u. Geschäftsgeheimnissen

- Verstoß gegen generelle Verbote oder alkohol-/drogenbedingte Schlechtleistung.

Folgende Prüfungsschritte sind bei der verhaltensbedingten Kündigung anzustellen:

1. Schritt: Liegt eine **Vertragspflichtverletzung** (Haupt- oder Nebenpflicht) vor?
2. Schritt: Negative Prognose hinsichtlich wiederkehrender Verstöße
3. Schritt: War die Pflichtverletzung schuldhaft?
4. Schritt: Fehlen Rechtfertigungsgründe?
5. Schritt: Wurde der ArbN erfolglos abgemahnt?
6. Schritt: Fehlt ein zumutbares milderes Mittel?
7. Schritt: Überwiegen die Interessen des ArbG?

Fall „Das gestörte Fußballländerspiel": AR-9.7 C

Bei einem Rundgang durch Ihren Betrieb entdecken Sie in der Messwarte den Schichtführer und einen Helfer vor einem Fernsehgerät, wo die beiden gespannt ein Fußballländerspiel verfolgen. Da Sie den beiden schon einmal vor drei Wochen eine Standpauke gehalten haben und damals klar gestellt haben, dass ihre Unaufmerksamkeit die betriebliche Sicherheit gefährde und außerdem private Fernsehapparate auf dem Werksgelände verboten seien, wollen Sie diesmal fristgerecht kündigen.

Frage: Geht das?

3. Personenbedingte Kündigung

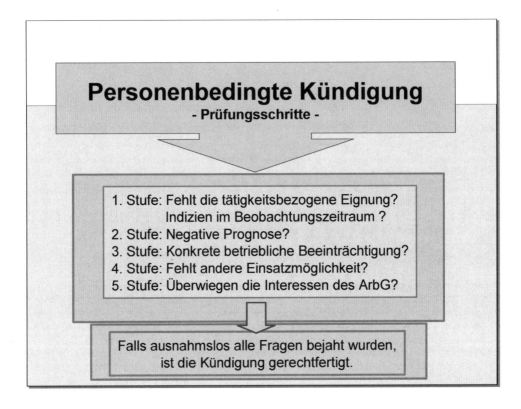

Abbildung 20: Personenbedingte Kündigung

Gründe für eine personenbedingte Kündigung sind vor allem **Krankheit** (auch *Alkoholismus*, wenn Steuerungsfähigkeit ausgeschlossen ist), aber auch altersbedingte Einschränkungen, die die Eignung für die Tätigkeit einschränken bzw. die für die Berufsausübung erforderlichen Fähigkeiten entfallen lassen.

Kumulativ (d.h. alle Fakten zugleich, nicht nur einzelne davon) sind vom ArbG darzulegen und zu beweisen:

1. Schritt: **Fehlt** die tätigkeitsbezogene **Eignung**?
                Ist der ArbN überfordert und kann er aktuell und auf absehbare Zeit nicht mehr die arbeitsvertraglichen Erwartungen erfüllen?

2. Schritt: Negative (Gesundheits-)Prognose

Dauert der Zustand an, besteht Besorgnis weiterer Beeinträchtigungen? Bei gesundheitlich bedingter Minderleistung ist diese und ihr Fortbestehen vom ArbG zu beweisen, obwohl er den ArbN nicht zum Arzt zwingen kann, erst im Prozess erfolgt ein ärztliches Sachverständigengutachten. Eine negative Prognose wird unterstellt bei aktuell anhaltenden Fehlzeiten über 6 Wochen (20 % und mehr Ausfallzeit) während eines Beobachtungszeitraumes von mindestens 2 - 3 Jahren (= Indizwirkung). Für Gegenargumente (z. B. Verkettung ungewöhnlicher Umstände) liegt die Beweispflicht beim ArbN.

3. Schritt: Erhebliche Beeinträchtigung konkreter betrieblicher Interessen

Bestehen Betriebsablaufstörungen, auch nach zumutbaren Überbrückungsmaßnahmen, z. B. Überlastung der Kollegen durch dauernde Überstunden? Darüber hinaus muss die wirtschaftliche Belastung durch Lohnfortzahlungskosten unzumutbar geworden sein.

4. Schritt: Fehlt eine andere Einsatzmöglichkeit?

Gibt es Alternativen z. B. freie Arbeitsplätze mit leichteren Tätigkeiten bzw. Schonarbeitsplätze?

5. Schritt: Umfassende konkrete Interessenabwägung

Wie war der Verlauf bisher? Hier werden hohes Lebens-, Dienstalter bzw. Unterhaltspflichten berücksichtigt. Bei Alkohol: Wurde eine Therapie abgebrochen oder abgelehnt oder ist der ArbN nach einer Therapie rückfällig geworden? Sind die Ursachen für die Erkrankung nach einer plausiblen Indizienkette betrieblich veranlasst, ist die Kündigung ausgeschlossen (Steinstaub-Lunge in Bergbau-Unternehmen).

Alter ist nur bei fortgeschrittenem Leistungsabbau ein Kündigungsgrund, d.h. es muss sich konkret auswirken. Die Erreichung des Rentenalters allein ist kein Kündigungsgrund, allerdings kann eine Befristung vereinbart werden, wenn eine anderweitige Versorgung aus der Sozial- oder Betriebsrente gegeben ist.

Fall „Herr Buckel buckelt seit zehn Jahren": AR-9.7 B

Herr Buckel trat vor zehn Jahren als Lagerarbeiter in Ihren Baustoff-Produktionsbetrieb ein. Während das Arbeitsverhältnis in den ersten sieben Jahren problemlos verlief, hat Herr Buckel in den letzten Jahren erhebliche Fehlzeiten aufzuweisen, nämlich 2003: 78 Tage, 2004: 86 Tage; 2005: bis September bereits 82 Tage. Seine Fehlzeiten beruhen auf verschiedenen Ursachen, im Wesentlichen aber auf Rückenbeschwerden.

Frage: Können Sie Herrn Buckel fristgerecht kündigen?

4. Betriebsbedingte Kündigung

Abbildung 21: Betriebsbedingte Kündigung

Die betriebsbedingte Kündigung soll es dem Arbeitgeber im Interesse der **Rentabilität** des Unternehmens ermöglichen, den Personalbestand dem Personalbedarf anzupassen. Nach § 1 Abs. 2 KSchG ist eine Kündigung **sozial gerechtfertigt**, wenn sie durch **dringende betriebliche Erfordernisse** bedingt ist, die einer Weiterbeschäftigung in diesem Bereich entgegenstehen.

Prüfungsschema:

1. Schritt: Ist der Arbeitsplatz aus dringenden betrieblichen Erfordernissen entfallen? Kündigungsgründe können sein:

- **Außerbetrieblich**

  Auftragsrückgang, Umsatzeinbruch, Arbeits-, Energie-, Rohstoffmangel, Lohneinsparungen, Gewinnverfall und fehlende Rentabilität können genannt werden. Bei einem so begründeten dringenden betrieblichen Erfordernis muss der Arbeitgeber die Ursachen (etwa die Entwicklung der Umsatzzahlen oder Auftragsbestände als auch deren unmittelbare Auswirkungen auf die Arbeitsplätze) im Einzelnen darlegen und beweisen.

- **Innerbetrieblich**

  Auslöser sind unternehmerische Entscheidungen, in Betracht kommen vor allem Rationalisierungsmaßnahmen, etwa bei der Einführung einer neuen Technik. Die Einführung neuer Arbeits- bzw. Produktionsmethoden oder die Änderung von Arbeitsabläufen gehören ebenfalls dazu. Outsourcing, d.h. die Vergabe von bisher im Betrieb durchgeführten Arbeiten im Rahmen von Werkverträgen an Fremdfirmen ist auch dazu zu zählen. Die bewusste unternehmerische Entscheidung des ArbG, die nachteilige Folgen für die Beschäftigten hat, führt also nicht zur Rechtswidrigkeit der Kündigungsfolge. Eine Grenze ist lediglich dort zu ziehen, wo die unternehmerische Entscheidung "willkürlich" erfolgt, also offenbar unsachlich, unvernünftig oder unlogisch ist.

2. Schritt: "Dringend" sind die betrieblichen Erfordernisse nur, wenn es dem Arbeitgeber nicht möglich ist, der betrieblichen Lage durch andere Maßnahmen auf technischen, organisatorischen oder wirtschaftlichen Gebiet als durch Kündigung zu entsprechen. Gibt es also ein „milderes Mittel?

3. Schritt: Kann der Arbeitnehmer an einem anderen freien Arbeitsplatz in demselben Betrieb oder in einem anderen Betrieb des Unternehmens weiterbeschäftigt werden (§ 1 Abs. 2 Nr. 1b)? Die Weiterbeschäftigungspflicht auf einem freien Arbeitsplatz besteht nach dem BAG nicht nur in dem Betrieb, in dem der Arbeitsplatz weggefallen ist, sondern auch in jedem anderen Betrieb des Arbeitgebers (das ist dieselbe natürliche oder juristische Person). Anders ausgedrückt: die Weiterbeschäftigungspflicht ist danach unternehmensbezogen. Dass diese Rechtsprechung in Großunternehmen mit vielen Betrieben in der Praxis zu unlösbaren Schwierigkeiten führt, dürfte auf der Hand liegen. Eine Erleichterung besteht insofern, als der Arbeitnehmer und nicht der Arbeitgeber im Kündigungsschutzprozess eine bestrittene Weiterbeschäftigungsmöglichkeit, auf die er sich beruft, argumentativ darlegen muss. Die Verpflichtung zur Weiterbeschäftigung bezieht sich zunächst auf einen freien "gleichwertigen" Arbeitsplatz. In diese Prüfung sind nicht nur solche Arbeitsplätze einzubeziehen, die zum Kündigungszeitpunkt bereits frei sind, sondern auch solche, deren Freiwerden bis zum Ablauf der Kündigungsfrist absehbar ist. Gibt es nur einen Arbeitsplatz mit ungünstigeren Arbeitsbedingungen, hat der Arbeitgeber diesen dem Arbeitnehmer anzubieten und ihm eine Überlegungsfrist von einer Woche einzuräumen.

4. Schritt: Hat der Arbeitgeber bei der Auswahl des Arbeitnehmers soziale Gesichtspunkte nicht oder nicht ausreichend berücksichtigt (§ 1 Abs. 2 KSchG)? Diese "Sozialauswahl" ist in der Praxis am problematischsten: Im Gegensatz zur verhaltens- und personenbedingten Kündigung steht bei den betriebsbedingten Kündigungen nicht von vornherein fest, wem gekündigt werden soll. Die Gerichte prüfen die Sozialauswahl in drei Schritten:

a. Die Festlegung des Kreises der in die Sozialauswahl **einzubeziehenden** Arbeitnehmer. Maßstab ist der ganze Betrieb, nicht nur eine Betriebsabteilung. Für die Vergleichbarkeit von Arbeitnehmern kommt es zunächst auf die **gegenseitige Austauschbarkeit** an (horizontale Vergleichbarkeit). Hierbei ist auf objektive Merkmale abzustellen, wie zum Beispiel den Ausbildungsberuf, die im Unternehmen ausgeübten Tätigkeiten und besuchte Weiterbildungsmaßnahmen. Außerdem werden bei der Sozialauswahl nur in der Verantwortung und Hierarchieebene des Betriebes ähnlich hoch angesiedelte miteinander in Beziehung gesetzt (vertikale Vergleichbarkeit). Nicht in die Sozialauswahl einzubeziehen sind Arbeitnehmer mit einem besonderen gesetzlichen Kündigungsschutz.

b. Die Prüfung der **sozialen Schutzwürdigkeit** des Mitarbeiters, dessen Kündigung widersprochen wurde. Die Kriterien für die Sozialauswahl bei betriebsbedingten Kündigungen in § 1 KSchG sind ab 1.1.2004 stark eingeschränkt. Statt der früher im Gesetz aufgeführten wenig greifbaren „sozialen Gesichtspunkte", zu denen von der Rechtsprechung z. B. auch allgemeine gesundheitliche Beeinträchtigungen gezählt wurden, dürfen nun allein 4 Kriterien, das sind die **Dauer der Betriebszugehörigkeit**, das **Lebensalter**, die **Unterhaltspflichten** und eine etwaige **Schwerbehinderung** des Arbeitnehmers eine Rolle spielen. Zu den **Unterhaltspflichten** gehören die im BGB geregelten Ansprüche des Ehepartners, von Kindern oder Eltern.

c. Die Prüfung, ob der weniger schutzbedürftige ArbN wegen des Überwiegens betrieblicher Interessen ausnahmsweise trotzdem weiter zu beschäftigen ist. **Das ist der Fall, wenn seine Kenntnisse, Fähigkeiten** und **Leistungen** zur **Sicherung** einer **ausgewogenen Personalstruktur** des Betriebes erforderlich sind. Die Aufrechterhaltung einer ausgewogenen Altersstruktur, Nachfolgeplanung für künftige Führungsaufgaben, eine singuläre Zusatzqualifikation, besondere Verbindungen zu wichtigen Kunden und schließlich allgemein die Sicherung eines gewissen Qualitätsniveaus lassen also Ausnahmen von den generellen Sozialauswahl-Kriterien zu.

5. Schritt: Überwiegt das Arbeitsplatzabbauinteresse des ArbG gegenüber dem Erhaltungsinteresse des ArbNs? Hier ist noch einmal zu überdenken, ob die Kündigung eine besonders unbillige Härte bedeuten könnte.

In der Praxis der Kündigungen wenden sich die Kläger meistens gegen die erfolgte Sozial-auswahl (**„wer"**) und nicht gegen die betriebsbedingten Gründe (**„ob"**); dies macht die Per-sonalauswahl zur schwierigsten und umstrittensten Problematik des Kündigungsschutz-rechts. Hier liegen die Risiken, die den Arbeitgeber häufig resignativ zum Mittel des Aufhe-bungsvertrages mit Abfindung greifen lassen (siehe oben).

Für die Darlegung und Beweislast gilt folgendes:

- Der **ArbG** hat die außer- bzw. innerbetrieblichen **Gründe für den Wegfall** des Ar-beitsplatzes zu beweisen.

- Der **ArbN** muss **eine anderweitige Beschäftigungsmöglichkeit** dartun, dann ist es Sache des **ArbG** nachzuweisen, dass diese Beschäftigungsmöglichkeit in Wahrheit **nicht infrage** kommt.

- Für die soziale Auswahl trägt der **ArbN** die Beweislast, dass **er schützenswerter** ist als seine Kollegen. Allerdings hat der ArbG die **Kriterien** offenzulegen, nach denen er entschieden hat (daher Punktetabelle empfehlenswert).

Aus der Sicht des betroffenen ArbN ist es fast immer sinnvoll, **gegen die Kündigung zu klagen**. Vorsicht: Es besteht eine sehr **kurze Klagefrist** von drei Wochen nach § 4 KSchG; am Ende dieser Frist muss die Klage im Briefkasten des Arbeitsgerichts sein. Die Neufas-sung stellt jetzt klar, dass diese kurze Frist unabhängig davon gilt, aus welchem Grund der ArbN die Unwirksamkeit der Kündigung behauptet. § 5 KSchG kennt unter sehr enger Aus-legung die Ausnahme, dass man binnen zwei Wochen Wiedereinsetzung in den vorherigen Stand beantragen kann, wenn ein ArbN nach erfolgter Kündigung trotz Anwendung aller ihm nach Lage der Umstände zuzumutenden Sorgfalt verhindert war, die Klage innerhalb der kurzen Frist zu erheben. Dieses Rechtsmittel gibt es vor allem bei „untergeschobenen" Kün-digungen, also vom ArbG bewusst in der Urlaubszeit in Abwesenheit platzierten Kündigun-gen.

Außerdem gilt seit 2004 die **Einschränkung**, dass der Richter nur prüfen darf, ob die Ent-scheidung offenbar unsachlich, unvernünftig oder willkürlich war. Die richterliche **Miss-brauchskontrolle** ist noch eingeschränkter, wenn entweder durch Tarifvertrag oder durch Betriebsvereinbarung Kriterien für die Auswahl von der Kündigung betroffener Personen festgelegt worden sind. In diesem Fall ist die gerichtliche Nachprüfbarkeit der Sozialauswahl auf **grobe** Fehlerhaftigkeit beschränkt. Gleiches gilt, wenn die zu **kündigenden Arbeitneh-mer** in dem Interessenausgleich zwischen Arbeitgeber und Betriebsrat **namentlich genannt** sind.

Fall „Schluss mit den Holzfenstern!": AR-9.7 D

In der Fensterbau GmbH, in der Sie als Geschäftsführer tätig sind, stellen Sie einen nachhaltigen Absatzrückgang bei Holzfenstern fest, während sich der Auftragseingang bei Kunststofffenstern schon seit einem Jahr äußerst erfreulich entwickelt. Deshalb entschließen Sie sich, die Holzfensterproduktion zum Quartalsende einzustellen. Dadurch fallen sechs der acht bisher im Betrieb vorhandenen Arbeitsplätze für Schreiner weg.

Sie entscheiden sich, die sechs Schreiner mit der relativ kürzesten Betriebs-Zugehörigkeit zu entlassen, wobei Sie den Schreiner X ausnehmen, den Sie zwar erst vor vier Monaten eingestellt haben, der aber als einziger die neue Extrudermaschine bedienen kann und deshalb für den Betrieb unentbehrlich ist. Die Betroffenen wollen gegen ihre Entlassung klagen.

Frage: Haben die Klagen Aussicht auf Erfolg?

IV. Gleichbehandlung

Mit dem Allgemeinen Gleichbehandlungsgesetz (AGG) wurden EU-Richtlinien aus dem Jahr 2000 in deutsches Recht umgesetzt. Das AGG normiert ein **umfassendes Diskriminie-rungsverbot** im rechtsgeschäftlichen Verkehr (§§ 1, 2 Absatz 1 Ziffer 2 AGG). Ziel des Gesetzes ist nach § 1, Benachteiligungen aus Gründen der(s):

- Geschlechts

- Alters

- Behinderung

- ethnischen Herkunft, Rasse,

- Religion oder Weltanschauung

- sexuellen Identität

zu verhindern oder zu beseitigen. Darunter fallen auch nicht gezielte oder beabsichtigte, lange Zeit faktisch hingenommene Diskriminierungen wie z.B. Niedrig-Lohngruppen für Frauen, die mit geringem körperlichen Krafteinsatz begründet wurden, oder Zutritts-Barrieren für Behinderte und geminderter sozialer Schutz von Teilzeit Arbeitsverhältnissen bei Älteren. Das Gesetz versucht auf verschiedene Weise für Arbeitnehmer Abhilfe zu schaffen:

- Der Arbeitgeber hat die Verpflichtung zur **präventiven Schulung und Aufklärung** aller Vorgesetzten.

- Diskriminierungen durch Kollegen und Führungskräfte müssen auf eine **Beschwerde** hin untersucht und gegebenenfalls aktiv unterbunden werden.

- Verpflichtung zur gleichmäßigen Behandlung aller Bewerber bei **Einstellung, Festsetzung** des **Arbeitsentgelts** sowie **Aufstieg** in Beförderungspositionen.

Für welche „mittelbaren" Diskriminierungswirkungen (das sind gem. § 3 „dem Anschein nach neutrale Vorschriften, Kriterien oder Verfahren") der ArbG haftbar gemacht werden kann (die Beschäftigung von Rollstuhlfahrern ist z.B. in Gebäuden auf Grund von Unfallverhütungsvorschriften räumlich beschränkt) bzw. **welchen Aufwand** der Arbeitgeber zu betreiben hat (Behindertenparkplätze im Innenstadtbereich, nach Geschlechtern getrennte Toiletten im Kleinbetrieb) ist unklar und bedarf noch der Konkretisierung durch die Gerichte. Wachsweich formuliert § 3 Abs.2, dass der Einsatz nur solcher Mittel zumutbar ist, „die zur Erreichung des Ziels angemessen und erforderlich" sind.

Rechte der Betroffenen

Benachteiligte Arbeitnehmer haben nach §15 einen **Anspruch auf Ersatz** des ihnen entstandenen **materiellen** (z.B. Gehaltsnachzahlung bei übergegangener Beförderung) und **immateriellen** Schadens (z.B. Wiedergutmachung einer Rufschädigung durch öffentliche Richtigstellung). Die Einstellung als Arbeitnehmer selbst kann nicht verlangt werden. Diese Ansprüche können nur innerhalb von 2 Monaten seit Kenntnis von dem Vorfall, diskriminierenden Ereignis bzw. Ablehnung eines (Beförderungs)Antrags geltend gemacht werden (§§ 15 Absatz 4, 21 Abs.5).

Hilfreich ist die **Beweislastumkehr** für die ArbN-Seite gem. § 22: Wenn im Streitfall die eine Partei Indizien beweist, die eine Benachteiligung wegen eines in § 1 genannten Grundes vermuten lassen, trägt die andere Partei die Beweislast dafür, dass kein Verstoß gegen die Bestimmungen zum Schutz vor Benachteiligung vorgelegen hat.

Den Nachweis könnte z.B. eine Frau durch statistische Daten zur Unterrepräsentanz weiblicher Führungskräfte im Unternehmen bei ansonsten gleicher Ausbildung und beruflichem Werdegang führen. In Beweislast-Nöten käme der Arbeitgeber auch, wenn unter Teilzeitkräften und geringfügig Beschäftigten bestimmte Altersgruppen und/oder Ethnien besonders häufig vertreten wären. Allerdings ließe sich im letzten Fall auch ein geglückter Gegenbeweis denken: Eine unterschiedliche Behandlung wegen eines ansonsten verbotenen Merkmals bleibt nach § 8 zulässig, wenn dieses „wegen der Art der auszuübenden Tätigkeit oder der Bedingungen ihrer Ausübung eine wesentliche und entscheidende berufliche Anforderung darstellt". Daher dürften auf Messen und Ausstellungen auch künftig junge, mitteleuropäisch aussehende Frauen als Hostessen dominieren.

Für sensible Naturen, die auch an das weitere Fortkommen im Unternehmen denken, ist wichtig: Sie müssen nicht unbedingt selbst Klage erheben, sondern können sich auch an ihren **Betriebsrat** wenden (§ 13 Absatz 2 AGG). Bei groben Verstößen des Arbeitgebers gegen das Benachteiligungsverbot kann der Betriebsrat oder eine im Betrieb vertretene Gewerkschaft nach § 23 Absatz 3 BetrVG gegen ihn vorgehen.

Ergreift der Arbeitgeber keine oder offensichtlich ungeeignete Maßnahmen zur Unterbindung von Anfeindungen, Entwürdigungen oder (sexuellen) Belästigungen, sind die Betroffenen nach Ausschöpfung milderer Mittel berechtigt, ihre Tätigkeit ohne Verlust des Arbeitsentgelts einzustellen.

Das AGG findet z.B. bei kirchlichen Arbeitgebern nur eingeschränkt Anwendung. Diese dürfen ihre Beschäftigten grundsätzlich weiterhin mit Rücksicht auf deren Religion oder Weltanschauung auswählen (§ 9 AGG).

Teil 2: Rechtsverhältnis zwischen Arbeitgeber und Betriebsrat nach dem Betriebsverfassungsgesetz[*]

I. Arbeitnehmervertretungen

1. Zweck der Arbeitnehmerbeteiligung

Der Zweck der Arbeitnehmerbeteiligung liegt im Ausgleich und der Korrektur wirtschaftlichen Machtungleichgewichts, deren Folge ungleiche Durchsetzungschancen sind.

Die Korrektur erfolgt durch **zweierlei** Ansätze:

- Gesetzliche Verbote bestimmter für den ArbN ungünstiger bzw. Gebote begünstigender Regelungen, die zugunsten des einzelnen ArbNs als Mindeststandard vorgegeben sind. Sie knüpfen entweder an eine besondere Schutzbedürftigkeit der Person (z. B. Schwerbehinderung) oder eine bestimmte Tätigkeit (z. B. Schichtarbeit) an = **Individualarbeitsrecht**.

- Interessenvertretungen, z. B. Betriebsrat, die dem Einzelnen für Rat und Tat zur Seite gestellt werden. Diese haben vor den Arbeitsgerichten einklagbare (Mitbestimmungs-) Rechte, deren Ausübung Maßnahmen des ArbGs vorübergehend blockieren kann = **Kollektivarbeitsrecht**.

Volkswirtschaftlich bedingte zyklische Schwankungen und andere Entwicklungen (politische Einwirkungen wie z. B. Globalisierung) gestalten die Bedingungen für die einzelne Arbeitskraft auf dem externen Arbeitsmarkt risikoreich.

Unternehmensintern wird der Einzelne ebenfalls leicht Objekt von Entwicklungen, die er weder steuern noch beeinflussen kann (Computerisierung, Rationalisierung, Nachfrageveränderungen, neue Produktionsmethoden). Hinzu kommt häufig auch eine intellektuelle und/oder verbale Unterlegenheit gegenüber dem Management. Formal gleiche Rechte (durch Abschluss- und Vertragsfreiheit schon im BGB gesichert) bewirkt noch keine materielle Gerechtigkeit, diese lässt sich aber dadurch herstellen, dass dem Arbeitnehmer eine betriebliche Interessenvertretung zur Seite gestellt wird.

---

[*] §§ ohne Gesetzesangabe beziehen sich im 2. Teil auf das BetrVG

Die Wurzeln der Arbeitnehmerbeteiligung in Deutschland gehen auf die Demobilisierungs-verordnung von 1918 nach dem 1. Weltkrieg zurück. Damals wurde die Bildung von Arbeiter-räten (Soldatenräten / Liebknecht / Spartakus) vorgesehen, die den Namen bis heute prä-gen. Irrigerweise schwingt in der Bezeichnung "-räte" noch immer ein Moment direkter De-mokratie mit (damals war die spontane Wahl bzw. Abwahl der Delegierten möglich), während heute Betriebsräte ein festes Mandat über 4 Jahre haben und nur bei grober Amtspflichtver-letzung abgewählt werden können. Betriebsräte werden nach dem Betriebsverfassungsge-setz von 1972 gewählt, das mit einigen Änderungen und erheblichen Ergänzungen bis heute gilt. Es handelt sich um einen speziellen" deutschen Weg" des Interessenausgleichs, der abweichend von der weltweit als Maßstab geltenden Anglo-amerikanischen Unternehmens-verfassung die Kooperation und nicht die Konfrontation in den Mittelpunkt stellt.

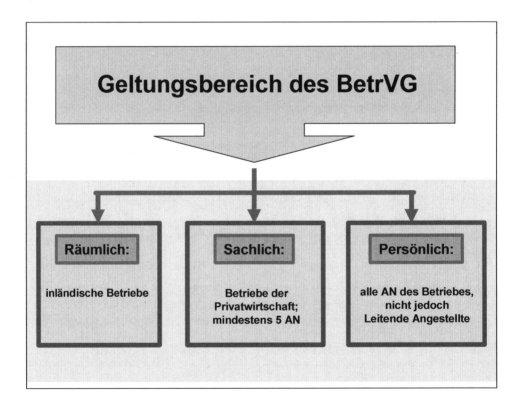

Abbildung 22: Geltungsbereich des BetrVG

Räumlich ist das deutsche Betriebsverfassungsgesetz auf inländische Betriebe sowohl deutscher als auch ausländischer Unternehmen beschränkt. Amerikanische Unternehmen z. B. müssen in ihren deutschen Betrieben also Betriebsräte wählen lassen (tun es allerdings vielfach unter anhaltendem Widerstand), deutsche Unternehmen brauchen selbstverständlich in den USA beziehungsweise im EU Raum keine Betriebsräte wählen lassen. **Sachlich** setzt die Geltung des Betriebsverfassungsgesetzes mindestens 5 Arbeitnehmer im engen oben beschriebenen Sinne voraus (Teilzeitkräfte werden entsprechend angerechnet). **Persönlich** gilt das Betriebsverfassungsgesetz und damit die Schutzfunktion des Betriebsrats für alle Arbeitnehmer des Betriebes (einschließlich der vorübergehend beschäftigten Leasingkräfte), nicht aber für die Leitenden Angestellten (jedoch für die außertariflichen Angestellten; zur Verwechslungsgefahr vgl. Abbildung 5), Leitende Angestellte haben einen eigenen Sprecherausschuss.

2. Funktion des Betriebsrats

Der BetrR hat einen universellen Auftrag:

- § 75 Defensiv-Funktion
  Überwachung insbesondere der Anwendung von Gesetzen, TV, BV, Richtlinien der Grundsätze von "Recht und Billigkeit" (d.h. materielle und nicht nur formale Gerechtigkeit) und der Gleichbehandlung, unabhängig von Geschlecht, Abstammung, Religion, Herkunft, Alter, sexueller Identität (BetrVG 2001). Den gleichen Ansatz enthält schon Art. 3 Grundgesetz. Hier kontrolliert der Betriebsrat und kritisiert evtl. passiv das Verhalten des ArbG.

- § 80 Offensiv-Funktion
  Hier unternimmt der Betriebsrat Initiativen, unterrichtet z. B. Betroffene und wirkt auf die Eingliederung und Förderung Jugendlicher, Älterer, Schwerbehinderter sowie ausländischer ArbN ein. Der BetrR darf (und muss) auch Nichtwähler vertreten. Handlungsmaßstab ist das Wohl der Beschäftigten und des Betriebes. Die Rücksicht auf Durchschnittsinteressen erzwingt manchmal auch Nachteile für Einzelne.

3. Wahlverfahren

Betriebsräte "... werden ... gewählt" heißt es in § 1. Also ist dies nicht ins Belieben gestellt, sondern eine Tatsachenfeststellung, wobei eine Initiative von Seiten der Beschäftigten selbstverständlich nicht erzwungen werden kann. Die Wahl wird vom Vorgänger-Betriebsrat in der Regel alle 4 Jahre initiiert und findet zwischen März und Juni statt.

Fall „Errichtungszwang?": AR-11.1 A

> Vor einem Jahr haben Sie mit zwei Parteien eine GmbH gegründet. Inzwischen beschäftigt Ihre Gesellschaft über 15 Mitarbeiter. Einer Ihrer Partner behauptet jetzt, die Gesellschaft müsse einen Betriebsrat errichten?
>
> *Frage: Ist die Behauptung richtig?*

Ein Betriebrat ist jeweils in einem Betrieb zu errichten (§§ 1 - 4), wenn mindestens fünf ständig wahlberechtigte Arbeitnehmer, von denen drei wählbar sind, beschäftigt werden. Welche organisatorische Einheit im Unternehmen einen Betrieb darstellt, ist (zumal bei Konzernen, Beteiligungsunternehmen, Ausgliederungen bzw. nach Fusionen und Übernahmen) nur schwer zu ermitteln. Das BetrVG 2001 vermutet bei wirtschaftlicher, arbeitstechnischer und/oder organisatorischer Verflochtenheit (auch juristisch selbständiger Einheiten) nach § 1 einen gemeinsamen Betrieb. Möglich ist, dass im Rahmen der Wahl zwischen ArbG und BetrR eine Einigung über die Frage erfolgt, wie ein Betrieb definiert wird, so dass auch 1 BetrR für mehrere Betriebe oder sogar mehrere Unternehmen bestellt werden kann. Durch (primär) Tarifverträge und (sekundär) Betriebsvereinbarungen können nach § 3 unternehmensspezifische Regelungen gefunden werden.

Wegen Abhängigkeit der Stärke der Betriebrats-Rechte von der Beschäftigtenzahl (z. B. § 99) und der Beeinflussbarkeit des Wahlergebnisses, insbesondere in kleinen Einheiten, ist der Umfang des Wahlbezirks eine wichtige strategische Frage. Eine auch nur durch 1 Mitglied im Betrieb vertretene Gewerkschaft kann über das Arbeitsgericht die Bestellung eines Wahlvorstandes und damit eine Wahldurchführung erzwingen (§ 16 II), selbst wenn eine große Mehrheit der Mitarbeiter sich in einer Betriebsversammlung dagegen ausgesprochen hatte.

In kleineren Betrieben (bis 50 Beschäftigte) ist es generell so (§ 14a), dass der Betriebsrat 2-stufig in einer ersten Betriebsversammlung zur Bestimmung der Wahlvorstandmitglieder und einer - nach kurzer Zeit folgenden - zweiten zur Durchführung der eigentlichen Wahl zu bestimmen ist. Bei Betrieben bis 100 Beschäftigten kann dieses Verfahren vereinbart werden.

Die frühere Trennung in Arbeiter und Angestellte mit getrennter Durchführung der Wahl wurde aufgehoben.

Wahlgrundsätze

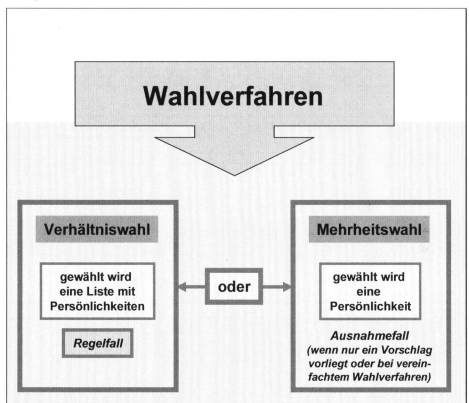

Abbildung 23: Betriebsratswahl/Verfahrensalternativen

- Geheime und unmittelbare Wahl durch die Betriebsangehörigen nach § 14 und der (Extra-) Wahlordnung, nicht wie beim Aufsichtsrats-Wahlverfahren durch Wahlmänner.

- Listenwahl: d.h. der Wähler kann nur einer Gruppierung z. B. Gewerkschaft, nicht aber Einzelpersonen seine Stimme geben. Falls nur ein Wahlvorschlag vorliegt, kann jedoch ausnahmsweise eine Personenwahl stattfinden.

- Wahlvorschläge können von Gewerkschaften und/oder Personen eingereicht werden und bedürfen der Unterstützung von 20 % der Belegschaft (mindestens 3).

- 3-köpfiger Wahlvorstand, der vom alten BetrR oder in einer Betriebsversammlung (evtl. auch durch das Arbeitsgericht) bestellt wird (§ 17). Der Wahlvorstand und die Kandidaten genießen während ihrer Amtszeit besonderen Kündigungsschutz nach § 15 KSchG.

- Die Wahl findet regelmäßig vor Ablauf der Amtszeit statt, d.h.: alle 4 Jahre zwischen März und Juni (§ 13).

- Eine Nachwahl findet statt, insbesondere bei Absinken der Anzahl von Mandatsträgern (trotz Nachrücker) (§ 13 II).

- Eine Wahlanfechtung ist nur gültig, wenn gegen "wesentliche" Vorschriften verstoßen wurde und das Wahlergebnis möglicherweise beeinflusst sein könnte §19.

- Eine Wahlbeeinflussung oder -verhinderung ist nach § 120 strafbar.

Wird ein Betrieb durch Verkauf, Betriebseinschränkung etc. aufgespalten, bleibt dessen Betriebsrat im Amt und führt die Geschäfte für die ihm bislang zugeordneten Betriebsteile weiter (Übergangsmandat). Der Betriebsrat hat insbesondere unverzüglich Wahlvorstände zu bestellen. Umgekehrt gilt bei Fusionen, dass das größere Unternehmen das Übergangsmandat wahrnimmt.

Zusammensetzung des Betriebsrats

Die Zahl der zu wählenden Betriebräte ist abhängig von der Zahl der "in der Regel" beschäftigten ArbN (nach § 9 degressive Staffelung, Zahl stets ungerade).

5	bis	20	1	Betriebs**obmann /-frau**
21	bis	50	3	**Betriebsrat**mitglieder
51	bis	100	5	Betriebsratmitglieder
101	bis	200	7	Betriebsratmitglieder
		- sinngemäß weiter -		
3001	bis	3500	23	Betriebsratmitglieder

Betriebsobmann /-frau haben stark eingeschränkte Befugnisse (siehe Ausschluss personeller Mitbestimmung nach § 99). Für die Wahlberechtigung ist der ArbN-Begriff in § 5 I maßgeblich, der über die allgemeine Definition hinaus auch ff. Gruppen umfasst:

- Aushilfen während vorübergehender Beschäftigungszeit

- geringfügig und nebenberuflich (Teilzeit-)Beschäftigte

- Auszubildende (Praktikanten fallen nicht darunter)

- Telearbeitnehmer generell (§ 5)

- Leiharbeitnehmer, deren Tätigkeit 3 Monate übersteigt (§ 7)

Wahlberechtigt ist jeder ab 18 Jahren, der derzeit dem Unternehmen angehört, ohne Wartefrist. Passive Wählbarkeit setzt bereits eine 6-monatige Betriebszugehörigkeit voraus § 8 II.

Organisation und Geschäftsführung des Betriebsrats

Nur der Betriebratsvorsitzende ist nach § 26 II für Erklärungen, Rechtsgeschäfte, Unterschriften empfangs- und vertretungsberechtigt! Wichtig ist dies bei Fristen (z. B. zur Berechnung der BGB-Erklärungsfristen für die Widerspruchsmöglichkeiten in § 102 II BetrVG). Der ArbG hat den Zugang nachzuweisen.

In Betrieben ab 201 Mitarbeitern (9 BetrR-Mitglieder) ist ein **Betriebsausschuss** zu bilden, der als „Exekutive" die laufenden Geschäfte führt und das faktische Machtzentrum darstellt. Dieser kann schriftlich nach § 27 III (so wie andere Ausschüsse § 28 III) mit der selbständigen Erledigung von Aufgaben beauftragt werden. Es ist möglich, Arbeitsgruppen mit sachkundigen Arbeitnehmern zu bilden, die in die Arbeit des Betriebsrats einbezogen werden (§ 28a). Der Betriebsrat kann auch Mitbestimmungsrechte an diese Arbeitsgruppen delegieren. Stimmt der Arbeitgeber den Vorschlägen der Arbeitsgruppe nicht zu, fällt das Mitbestimmungsrecht jedoch an den Betriebsrat zurück, der dann als Gremium neu entscheiden muß.

Betriebsratssitzungen bedürfen einer formellen schriftlichen Einladung des Vorsitzenden mit festgelegter Tagesordnung (§ 29). Ein Thema muss auf die Tagesordnung gesetzt werden, wenn 1/4 der BetrR-Mitglieder dies verlangen. § 86a BetrVG 2001 besagt, dass 5 % der ArbN eines Betriebes die Behandlung eines Themas durch den Betriebsrat auf einer seiner nächsten Sitzungen erzwingen können. Die Sitzungen sind **nicht** öffentlich (§ 30). Es besteht die Verpflichtung, ein Ergebnisprotokoll, nicht aber ein wörtliches Protokoll zu führen(§ 34). Teilnahmeberechtigt an den Betriebsratssitzungen sind:

- Schwerbehinderten-Obmann § 32

- Jugendvertreter § 67

(Beide können auch die einstweilige Aussetzung von Beschlüssen verlangen)

- Gewerkschaftsvertreter (Antrag 1/4 Mitglieder oder 51 % einer Gruppe § 31)

- ArbG, im Fall, dass er einen bestimmten Tagesordnungspunkt verlangt hat § 29 IV.

Fall: „Der Gewerkschaftssekretär am Tor": AR-11.2 B

Ein Anruf vom Werktor an die Geschäftsleitung: Der Gewerkschaftssekretär Herr Rollnik verlangt Zutritt zum Werksgelände, um an der laufenden Betriebsratssitzung teilzunehmen; er hat eine Einladung des Betriebsrates vorzuweisen, trägt aber einen dicken Stoss gewerkschaftlichen Werbematerials bei sich. Der Werksschutz bittet um entsprechende Weisung.

Müssen Sie den Gewerkschaftssekretär hereinlassen?

Status der Mitglieder

Das Mandat als BetrR ist ein „unentgeltliches Ehrenamt" § (37 I). Die Mitglieder sind weisungsfrei und unabhängig. Jedoch ergibt sich eine Grenze aus § 23 I: 1/4 aller Wahlberechtigten oder die Gewerkschaft kann die Auflösung des gesamten bzw. den Ausschluss einzelner Mitglieder durch das Arbeitsgericht beantragen. Die schärfste Sanktion ist die fristlose Entlassung auch aus dem Arbeitsverhältnis, der nach § 103 aber die übrigen Mitglieder des Betriebsrats zustimmen müssen.

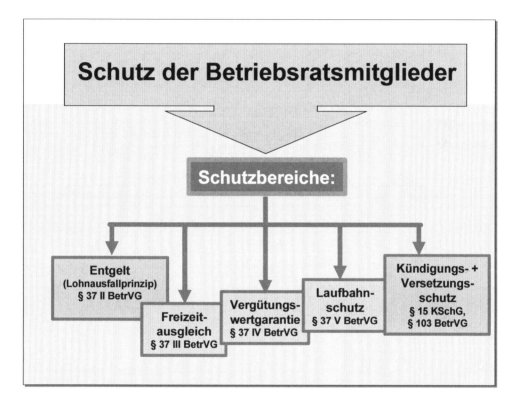

Abbildung 24: Schutz der Betriebsratsmitglieder

Zur Sicherung der Unabhängigkeit gegenüber dem Arbeitgeber findet man das **Entgeltminderungsverbot** (§ 37 IV), sowie den **Arbeitsplatz-** u. **Tätigkeitsschutz** § 37 V. Eine Entlassung aus einem der Gründe des § 1 Kündigungsschutzgesetz ist ausgeschlossen (§ 15 KSchG). Dies gilt noch bis zur Dauer von einem Jahr nach Ablauf der Amtszeit. Für (ehemalige) Freigestellte besteht verlängerter Schutz und ein Anspruch auf (Re-) Qualifizierungsförderung (§ 38 III, IV).

4. Grundsätze der Zusammenarbeit mit dem Arbeitgeber

Arbeitgeber und Betriebsrat sollen nach dem Wortlaut des Betriebsverfassungsgesetzes gemeinsam zum Wohle des Unternehmens zusammenarbeiten. Dies ist häufig nicht leicht, weil der Betriebsrat in einem Dreieck zwischen ArbN-, ArbG- und Gewerkschaftsinteressen lavieren muß. Nach dem Motto "nehmen und geben" muss er Zugeständnisse machen, die weder den Mitarbeitern noch der Gewerkschaft passen, auf deren Wahl-Liste bei der Wiederwahl er jedoch häufig angewiesen ist.

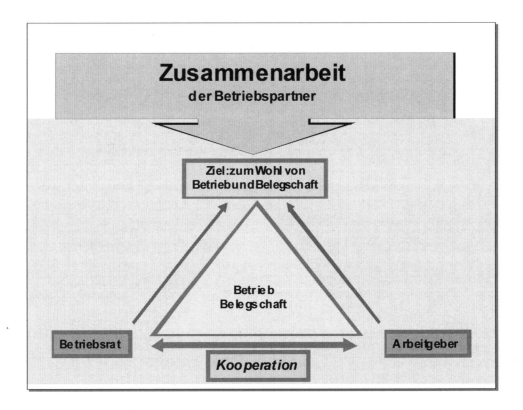

Abbildung 25: Zusammenarbeit der Betriebspartner

Mitarbeitervertretungen
Großkonzern

Im **Euro-Dialog** sind Arbeitnehmer aus den europäischen Gruppengesellschaften vertreten

---

Im **Konzernbetriebsrat** sind die Betriebsräte der inländischen Gruppengesellschaften vertreten.

Im **Gesamtbetriebsrat** arbeiten die Betriebsräte einer Gruppengesellschaft zusammen

---

Betriebsräte in allen Werken bzw. Niederlassungen

Betriebliche Vertrauensleute sind Ansprechpartner vor Ort

Schwerbehinderten-Vertrauensleute und die **Jugend- und Auszubildenden-Vertretung** nehmen spezielle Aufgaben wahr

---

Der **Sprecherausschuss der Leitenden Angestellten** vertritt deren Interessen.

Die Sprecherausschüsse der Gruppengesellschaften sind im **Konzernsprecherausschuss** vertreten

Abbildung 26: Mitarbeitervertretungen Großkonzern

Der Betriebsrat ist nicht die einzige, jedoch die bei weitem wichtigste Mitarbeitervertretung. In §§ 57 und 58 ist die Regelung der Zuständigkeit von Gesamt- und Konzernbetriebsrat beschrieben. Bestehen in einem Unternehmen mehrere Betriebsräte, so ist ein **Gesamtbetriebsrat** zu errichten. In den Gesamtbetriebsrat entsendet jeder Betriebsrat, der mindestens 3 Mitglieder besitzt, eines seiner Mitglieder; jeder Betriebsrat mit mehr als drei Mitgliedern entsendet zwei seiner Mitglieder. Die Geschlechter sollen angemessen berücksichtigt werden.

Der **Konzernbetriebsrat** ist zuständig für die Behandlung von Angelegenheiten, die den Konzern oder mehrere Konzernunternehmen betreffen und nicht durch die einzelnen Gesamtbetriebsräte innerhalb ihrer Unternehmen geregelt werden können. Nunmehr ist klargestellt, dass sich seine Zuständigkeit auch auf Unternehmen erstreckt, die einen Gesamtbetriebsrat nicht gebildet haben, sowie auf Betriebe der Konzernunternehmen ohne Betriebsrat.

Konzern- und Gesamtbetriebsrat sind den einzelnen Betriebsräten **nicht übergeordnet** (§ 50), vielmehr ist entscheidend, ob ein Thema von unternehmensweiter Bedeutung ist und aus Gründen der Problemnähe bzw. Gleichbehandlung zentral oder dezentral behandelt werden muss.

Auf Grund des Gesetzes über europäische Betriebsräte sind in Groß-Konzernen mit europaweiten Niederlassungen Informationsgremien zu bilden, die aber rechtlich gesehen gegenüber dem deutschen Betriebsrat "Eunuchen" sind. Beliebt ist die Mitgliedschaft trotzdem und zwar wegen der regen Reisetätigkeit.

Weitere Gremien sind: Jugendvertretung (§§ 60 ff.) und der Sprecherausschuss der Leitenden Angestellten nach dem Sondergesetz. Betriebliche Vertrauensleute existieren insbesondere für behinderte Arbeitnehmer nach § 95 Sozialgesetzbuch IX.

Hervorzuheben sind ferner die quartalsmäßig stattfindenden **Betriebsversammlungen** nach § 42 ff. in ihrer Bedeutung als demokratisches Forum der Betriebsöffentlichkeit. Moderiert werden sie vom Betriebsratsvorsitzenden; der Personalverantwortliche besitzt ein Rederecht. Die Themen der Betriebs- (und falls organisatorisch erforderlich getrennten Abteilungs-) versammlungen können spezielle betriebliche Fragen sein. Allgemeine tarif-, sozial-, umweltpolitische und wirtschaftliche Gebiete sind – abgesehen von aktuellen Arbeitskämpfen – ebenfalls erlaubt. So können Fragen zur Förderung der Gleichstellung von Frauen und Männern und der Vereinbarkeit von Familie und Beruf sowie die Integration der im Betrieb beschäftigten ausländischen Arbeitnehmer (§ 45) zum Gegenstand werden. Versammlungen und Gremien finden während der Arbeitszeit statt (§ 44), auch wenn Geschäftslokale geschlossen und Kunden nicht bedient werden können.

Fall: „Protest gegen das Rauchverbot": AR-11.2 A

> Auf einer Betriebsversammlung wurde von Herrn Meyer unter großem Applaus der Antrag eingebracht, der Betriebsrat möge das von der Geschäftsleitung für den Bereich der Kantine geplante Rauchverbot verhindern. Eine daraufhin vom Betriebsratsvorsitzenden spontan durchgeführte Abstimmung bestätigte eindeutig diesen Antrag. Inzwischen hat der Betriebsrat entgegen dem Abstimmungsergebnis eine Betriebsvereinbarung über das Rauchverbot unterschrieben.
>
> *Frage: Ist die Betriebsvereinbarung wirksam?*

II. Friedensordnung nach dem BetrVG

Prägend für das gesamte Betriebsverfassungsgesetz sind die **Grundsätze**:

Abbildung 27: Grundsätze der Zusammenarbeit

- **§ 2 I Vertrauensvolle Zusammenarbeit**

  Treffen zwischen Geschäftsleitung und BetrR müssen regelmäßig (mindestens 1 x im Monat nach § 74 1 Abs. 2.) stattfinden. Es besteht die (nicht einklagbare) Verpflichtung, konstruktive Vorschläge zur Beilegung von Meinungsverschiedenheiten zu machen und mit dem ernsten Willen zur Einigung zu verhandeln. Das zielt auf Kompromisse statt Konfrontation ab, Prinzipienstreiterei soll vermieden werden.

- **Friedenspflicht**

  Arbeitskampfmaßnahmen (Streikaufrufe, Durchführung und Organisation von Arbeitsniederlegungen), an denen sich Mandatsträger oder der BetrR **in der Eigenschaft als Amtsträger** beteiligen, sind unzulässig (§ 74 II S.1). Dies ist Folge des Gebots der vertrauensvollen Zusammenarbeit. Tariffragen, wegen denen es oft zu

Streiks kommt, (Lohn und Gehalt, Arbeitszeit, Urlaub etc.), sind aus dem Betriebsalltag ohnehin ausgeklammert. § 77 III bestimmt "Arbeitsbedingungen ... die durch Tarifvertrag geregelt sind oder üblicherweise geregelt werden, können **nicht Gegenstand** einer **Betriebsvereinbarung** sein". Der Unruheherd "materielle Arbeitsbedingungen" soll also bewusst ausgeklammert und den Tarifpartnern auf der höheren Ebne der Wirtschaftsbranche überlassen werden. Mandatsträger dürfen jedoch Gewerkschaftsfunktionen bekleiden (§ 74 III) und brauchen sich - wenn sie sich dabei nicht auf ihre Amtsautorität berufen und sich auf Arbeitspausen beschränken - auch nicht aus tarifpolitischen Auseinandersetzungen gänzlich fernhalten (§ 74 II letzter Satz). Freilich ist die Grenze hier schwierig genau zu definieren, wenn z. B. ein Betriebsratvorsitzender auf dem Werksgelände von einem zufällig Vorbeikommenden zu seiner Meinung zur laufenden Tarifauseinandersetzung befragt wird.

- **Diskriminierungsverbot**, neutrale Amtsführung und **Verbot parteipolitischer Betätigung**

  Das Mandat ist **unabhängig** von der eigenen und/oder der **Gewerkschaftszugehörigkeit** des jeweils Betroffenen sowie ohne Vorteilserzielung zu handhaben (Verbot der Ämterpatronage in § 75 I S. 1, z. B. keine Bevorzugung oder Benachteiligung von gewerkschaftlich organisierten Kollegen). Auch der Arbeitgeber darf „Nicht-Organisierte" (also Nicht-Mitglieder in der Branchengewerkschaft) nicht besser (oder umgekehrt in der Gewerkschaft befindliche schlechter) behandeln. Beide dürfen allerdings externe Gewerkschafts- und ArbG-Verbandsvertreter hinzuziehen (auch unter Betreten des Betriebsgeländes §§ 2 II, 31 für Betriebsratssitzungen). Die Neutralitätspflicht gilt auch in **politischer Hinsicht** (§ 74 II S. 3). Daher duldet das BAG keine Betriebsversammlungen mit Politikern im Wahlkampf.

Fall: „Die kleine Anerkennung für den Betriebsrat": AR-11.2 C

Sie sind beeindruckt von der selbstlosen Einsatzbereitschaft der Betriebsratsmitglieder und wollen ihnen deshalb aus Anlass des Weihnachtsfestes eine finanzielle Sonderzuwendung in Höhe von je 300 Euro zukommen lassen.

Frage Dürfen Sie das?

Der Betriebsrat hat die Aufgabe, Arbeitgeberhandeln zu kritisieren und zu kontrollieren, er ist allerdings **nicht Co-Manager** ("Zweitgeschäftsführung"). Daher muss klar sein, dass Leitungsmacht, Weisungskompetenz und Durchführungsbefugnisse allein beim Arbeitgeber liegen (§ 77 I). Auch wenn zuvor Abreden (etwa in Betriebsvereinbarungen) getroffen wurden, darf der Betriebsrat nicht durch einseitige Handlungen in die Leitung des Betriebes eingreifen. Er ist i.d.R. beschränkt auf Anregungen und nur in engen Grenzen (siehe unten: Abbildung 29) berufen, selbst Initiativen zu ergreifen. Alle Lenkungsbefugnisse und gestaltenden Managementaufgaben sind wegen der Garantie des Eigentumsrechts aus Art. 14 GG auf Anteilseigner-/Arbeitgeberseite monopolisiert.

> Beispiel: Konversionsprogramme zur Abkehr von der Rüstungs-Produktion darf ein BetrR zwar propagieren, hat aber keine Handhabe zur Umsetzung.

Sowohl über persönliche Angelegenheiten Betroffener aus dem Betrieb, als auch über Betriebsgeheimnisse, die dem Mandatsträger als solchem zur Kenntnis gelangt sind, muss er Stillschweigen bewahren (§ 79 Verschwiegenheit, mit Strafandrohung § 120). Gleiches gilt für dritte Personen wie Berater und Auskunftspersonen, die hinzugezogen worden sind.

1. Problembereiche der Zusammenarbeit, Konfliktvermeidung

Unter Personal-Praktikern gilt es als Binsenweisheit: "Jeder bekommt den Betriebsrat, den er verdient". Die Wirksamkeit und Durchsetzungsfähigkeit des Gremiums als Korrektur-Faktor des Machtgefälles zwischen ArbG und ArbN ist häufig durch die Persönlichkeitsstruktur und Verhaltenseigenheiten der Betriebsräte beeinträchtigt.

Es lassen sich drei Typen mit **generalisierbaren Motiven** unterscheiden, von denen der Durchschnitts- BetrR häufig geleitet wird:

- "Kumpel"-Typ (umtriebiges Naturell, auf Anerkennung aus, extrovertiert, trinkfest)

- Altruist (sozial oder christlich motiviert mit ethischen Motiven)

- Funktionär (ehrgeizig, sucht Selbstbestätigung, Plattform zur Verwirklichung höherer Ziele)

Nicht typisch, aber auch anzutreffen sind **Extreme**:

- Klassenkampfagitator (fanatisch mit allgemeiner ideologischer bzw. gesellschaftspolitischer Zielrichtung)

- Eigennützige (arbeitsscheu, auf Status der Unkündbarkeit aus).

Korrespondierend lassen sich auch folgende **Arbeitgeber-Typen** auf der anderen Seite unterscheiden:

- "Herr im Hause" (verfährt nach Gutsherrenart)

- Der "intellektuell und kulturell Überlegene" (neigt zur Arroganz)

Daher sind auch typische ArbG-Fehler im Umgang mit dem BetrR nachweisbar:

- undifferenziertes Verabsolutieren des Kostenarguments im Verhältnis zu sozialen bzw. humanitären Gesichtspunkten.

- Informationen werden nicht, zu spät oder zu gering weitergegeben. Hier fehlt die Offenheit für Argumente. Statt Kompromissbereitschaft will der ArbG seine Entschlüsse nur "absegnen" lassen.

- Eine "Zuckerbrot und Peitsche" Behandlung, d.h. Vorteile bzw. Sanktionen, wenn die Zusammenarbeit sich in der einen oder anderen Richtung entwickelt (VW-Skandal).

Ein strategisch denkender Arbeitgeber sollte insbesondere jüngere Mandatsträger nicht in eine persönliche Sackgasse manövrieren (Betriebsrat auf ewig oder Ausscheiden), sondern ihnen Entwicklungs- und Karrieremöglichkeiten aufzeigen. Darüber hinaus gibt es interne Probleme der BetrR- Gremien, als Folge der Uneinigkeit innerhalb der Mandatsträger:

- Fraktionsbildung (DGB, „Links"-Parteigänger, alternative Gruppen)

- Erbhof-Mandate (dadurch Verlust der Basiskontakte)

- Gängelung und Außensteuerung durch die Gewerkschaft

Immanente Probleme nach BetrVG:

Weil im Gesetz selbst angelegt und in gewissem Umfang unumgänglich (der BetrR hat wegen des „Umlageverbots" in § 41 keine eigenen Finanzierungsquellen), entstehen im Arbeitsalltag Streitigkeiten über die BetrR- Kosten, insbesondere über den Sachaufwand. Dazu gehören:

- Verwaltungsaufwand (Räume, Möbel, Büromaterial, -personal)

- Literatur, Zeitschriften

- Reise-, Bewirtungskosten

- Rechtsberatung

- externe Gutachter und Berater

Das BetrVG 2001 sichert bestimmte Arbeitsbedingungen für Betriebsräte: Für Sitzungen, Sprechstunden und die laufende Geschäftsführung hat der Arbeitgeber in erforderlichem Umfang Räume, sachliche Mittel, Informations- und Kommunikationstechnik sowie Büropersonal zur Verfügung zu stellen (§ 40). Der DGB hatte auch gefordert, dass die Beratung durch externe Sachverständige generell möglich werden soll. Dies ist allerdings auf Betriebsänderungen nach § 111 beschränkt worden. Der Betriebsrat kann in Unternehmen mit mehr als 300 Arbeitnehmern bei grundlegenden Strukturveränderungen zu seiner Unterstützung einen Berater auf Kosten des ArbG hinzuziehen.

Sehr kontrovers ist auch das Thema des **Arbeitsausfalls durch Betriebsratsaktivitäten**.

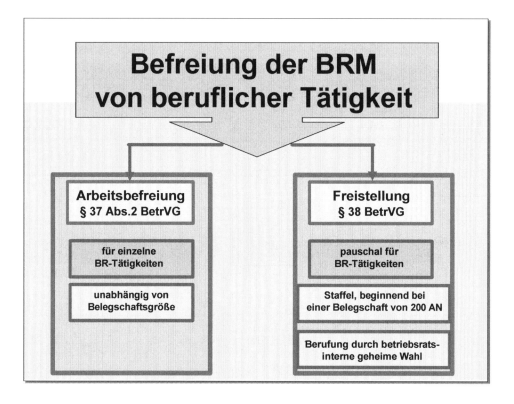

Abbildung 28: Befreiung der BRM von beruflicher Tätigkeit

Zu unterscheiden ist:

- § 37 II: Fallweise Arbeitsbefreiung "wenn und soweit dies nach Umfang und Art des Betriebes zur ordnungsgemäßen Durchführung der BetrR- Aufgaben erforderlich" ist.

Fall: „Frau Zinke vom Betriebsrat fehlt zuviel" AR-11.2 I

Die in den Betriebsrat gewählte Buchhalterin Frau Zinke arbeitet in Teilzeit, und zwar vormittags von 9.00 bis 12.00 Uhr. Wenn sie nachmittags an Betriebsratssitzungen teilnimmt, fehlt sie zum Ausgleich am nächsten Vormittag. Sie als ihr Vorgesetzter sind darüber erbost, weil die laufende Arbeit liegen bleibt.

Frage: Können Sie den „Freizeitausgleich" unterbinden?

- § 38: Völlige Freistellung, d.h. die Ausgliederung aus dem Betriebsprozess. Von ihrer beruflichen Tätigkeit sind mindestens freizustellen in Betrieben mit in der Regel:

200	bis	500	1	Betriebsratmitglied
501	bis	900	2	Betriebsratmitglieder
901	bis	1.500	3	Betriebsratmitglieder
1.501	bis	2.000	4	Betriebsratmitglieder
		- sinngemäß weiter -		
9.001	bis	10.000	12	Betriebsratmitglieder

Wegen der Kostenfolgen für kleine Unternehmen war die Herabsetzung der Schwellenwerte, insb. von 300 auf 200, einer der umstrittensten Punkte der BetrVG-Reform 2001. Auch Teilfreistellungen durch mehrere BetrR- Mitglieder anteilig (z. B. 2 x 50 %) sind jetzt möglich. Viele Arbeitgeber ärgert es ungemein, dass sie ihren "Gegner" komplett ohne Arbeitsleistung finanzieren sollen.

- § 37 VI : Freistellung auf Grund externer Weiterbildungsmaßnahmen wie Seminaraufenthalte etc. bei Bildungsträgern der Gewerkschaft.
  Hier muss eine **komplette Übernahme** aller Schulungskosten (Reisekosten, Unterbringung, Dozentenhonorare) durch den Arbeitgeber allerdings nur dann erfolgen, wenn dies für die BetrR-Tätigkeit "**erforderlich**" ist. Das BAG sieht das entweder bei einer Einführung in grundlegende Inhalte und Methoden der BetrR-Arbeit (z. B. Arbeiten mit dem Betriebsverfassungsgesetz) oder bei besonderer betrieblicher Aktualität eines Themas (Mitbestimmung bei drohender Fusionen) als gegeben an.

- § 37 VII: der Anspruch auf Bildungsurlaub

  Ein Betriebsratmitglied, welches zum ersten Mal gewählt wurde, weder Jugend- noch Ausbildungsvertreter war, hat Anspruch auf vier Wochen Bildungsurlaub pro Amtsperiode. Anderenfalls werden drei Wochen gewährt. Das Arbeitsministerium des Bundeslandes muss die Maßnahme als "geeignet" anerkennen.

Konfliktvermeidungsstrategien:

Wesentlich ist die Kontaktpflege durch institutionalisierte Gesprächskreise, die auch ohne Tagesordnung regelmäßig zusammenkommen sollten. Insbesondere ist das Zuschneiden des Systems der Betriebsverfassung auf unternehmensspezifische Verhältnisse durch Ausschüsse und/oder Arbeitsgruppen, die nach § 28 a, evtl. mit eigener Entscheidungsbefugnis ausgestattet werden (Abs. III), empfehlenswert:

Beispiel Großkonzern

Ausschüsse/Arbeitsgruppen	Zuständigkeit
Personalkommission	Eintritt, Ein- u. Umgruppierung § 99, Kündigung § 102
Entgeltkommission	Überprüfung der Eingruppierung, Akkordfragen § 87 Ziff. 10
Sozial-Ausschuss	Kantinen und Sozialleistungen
Kommission „Ordnung"	Abmahnung, Verhängung von Geldbußen
Innovations-Ausschuss	Fragen Arbeitsorganisation, Arbeitssicherheit §§ 90, 91
Gesundheits-Ausschuss	Arbeitssicherheit § 87 Ziff. 7 und Betriebsbegehungen
Gleichstellungs-Ausschuss	Anti-Diskriminierung, Mobbing
Betriebliches Vorschlagswesen	Prämierung von Ideen und Innovationen

2. Stufenfolge der Beteiligungsrechte

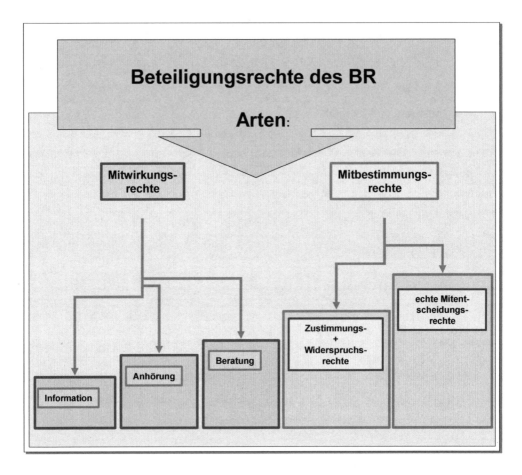

Abbildung 29: Beteiligungsrechte des Betriebsrates

Anders als in anderen Rechtsordnungen ist der Betriebsrat in Deutschland nicht nur Gesprächspartner und Informationsempfänger, sondern mit eigenen einklagbaren Rechten ausgestattet. Die Stufenfolge der Beteiligungsrechte kennzeichnet die zunehmende (bzw. abnehmende) Intensität der Befugnisse des Betriebsrats.

Bei **Mitwirkung** ist zu unterscheiden:

- **Information**: Alle Daten und Fakten (i.d.R. in Schriftform), die relevant sind für Arbeitnehmerbelange, hat der ArbG unaufgefordert zu liefern z. B. § 80 II.

- Die **Anhörung** ist die Information des BetrR durch den ArbG, mit anschließender Einräumung einer Rückäußerungsmöglichkeit §§ 90, 96

- Die **Beratung** ergänzt die Anhörung um die Diskussion möglicher Gegenvorstellungen des BetrR z. B. §§ 89, 92, 92 a

Bei den **Mitbestimmungs**rechten sind zu unterscheiden:

- **Zustimmung** bedeutet, dass der BetrR auf eine Initiative des Arbeitgebers reagiert. Er muss aber schon im Stadium der Meinungsbildung einbezogen werden und kann so versuchen, die Entwicklung in seinem Sinne zu beeinflussen. Es handelt sich also um einen **beiderseitigen Konsenszwang** z. B. § 87

- Beim **Widerspruchsrecht** hat der Arbeitgeber eine Maßnahme allein vorbereitet, zu der der Betriebsrat zunächst gehört werden muss. Nach einer Diskussion besteht als ultima ratio die Möglichkeit, ein Veto im Sinne der Blockade der ArbG-Initiative einzulegen. Ob dies Bestand hat, **entscheidet i.d.R. das Arbeitsgericht** z. B. § 99

- Ein echtes Mitentscheidungsrecht ist das **Initiativrecht**. Hier stammt die Handlungsinitiative vom Betriebsrat, der nach Durchlauf der Gremien sein Vorhaben evtl. auch gegen den Widerstand des Arbeitgebers mit Hilfe der **Einigungsstelle** durchsetzen kann. Es ist im Betriebsverfassungsgesetz selten (obwohl das Wort öfter vorkommt) und wird von der Rechtsprechung sehr eng interpretiert §§ 91, 98 III.

Die jeweils höhere Stufe der Beteiligungsrechte schließt die Befugnisse **alle** niedrigeren Stufen mit ein. Selbst wo ein Recht der stärksten Stufe (Initiativrecht = Offensivfunktion des BetrR) gegeben ist, führt der Weg nur über gemeinsame Beratung mit dem Arbeitgeber. Wie schon ausgeführt, liegt die **Weisungskompetenz** und **Durchführungsbefugnis allein beim ArbG** § 77 I. Auch wenn Einigungsstellenspruch getroffen wurde, darf der Betriebsrat nicht durch einseitige Handlungen in die Leitung des Betriebes eingreifen.

Sanktionen bei Nichtbeachtung von Beteiligungsrechten

Versäumnisse des Arbeitgebers im Bereich Informations- und Mitwirkungsrechte hindern **nicht** die **Rechtswirksamkeit** der getroffenen Maßnahmen. Die **vorsätzliche Verletzung** in § 121 näher bezeichneter Aufklärungs- und Auskunftspflichten durch Unterlassung, wahrheitswidrige Beantwortung, unvollständige oder verspätete Erteilung (praktisch schwer nachzuweisen), ist allerdings eine **Ordnungswidrigkeit**, die mit Geldbuße bis zu 10.000 Euro geahndet werden kann.

Im Einzelfall kann der Antrag von BetrR oder Gewerkschaft nach § 23 III Druck auslösen, mit dem die Vornahme, Duldung oder Unterlassung bestimmter Handlungen erzwungen werden kann, wenn ein **„grober"** Verstoß vorliegt. Jeder einzelne Verstoß kann dann vom Arbeitsgericht mit Ordnungs- und/oder Zwangsgeld bis 10.000 Euro belegt werden.

> Beispiel: Ein Automobilwerk beschäftigte einen nach § 103 gekündigten, aber in der 1. Instanz des Arbeitsgerichts erfolgreichen BetrR, nicht weiter.

Seit 1994 ist ein von der Rechtsprechung des BAG entwickelter **„allgemeiner" Unterlassungsanspruch** gegen Arbeitgeberhandeln, das Mitbestimmungsrechte (insbesondere soziale Angelegenheiten nach § 87) verletzt, anerkannt. Der Betriebsrat kann diesen Anspruch im **einstweiligen Verfügungs**verfahren vorbeugend geltend machen und muss nicht erst den Verstoß (und damit in der Praxis meist vollendete Tatsachen) abwarten. Das Arbeitsgericht soll bei seiner Entscheidung das Gewicht des drohenden Verstoßes und die Bedeutung der umstrittenen Maßnahme einerseits für den Arbeitgeber, andererseits für die Belegschaft (**nicht** für den Betriebsrat) abwägen.

Anders ist es bei **personellen Einzelmaßnahmen**: Hier bedeutet ein **Verstoß** gegen **Mitbestimmungsrechte** in der Regel auch die **Rechtsunwirksamkeit** der einseitig getroffenen Maßnahme:

- § 101: Beschäftigungsverbot des neuen Mitarbeiter, sonst droht Zwangsgeld
- § 102 I: Eine Kündigung ohne Anhörung des Betriebsrats ist unwirksam
- § 98 Abs. II V: Ausbilder, der nicht die Zustimmung des BetrR hat, darf keine Auszubildenden anlernen

Im Einzelfall gibt es auch ein speziell im Kontext der zustimmungspflichtigen Maßnahme erwähntes Zwangsgeld (§§ 101, 104 I Abs. 2).

3. Mitbestimmung bei personellen Einzelmaßnahmen

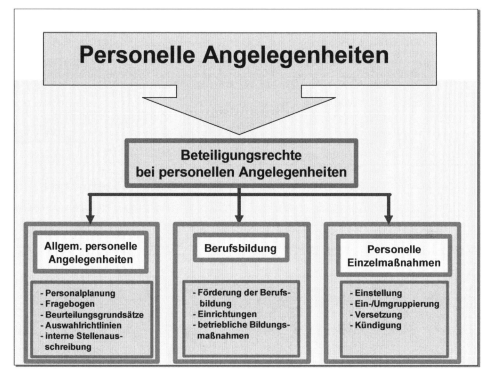

Abbildung 30: Personelle Angelegenheiten

Man unterscheidet zunächst die Beteiligung in **allgemeinen** personellen Angelegenheiten in den §§ 93 – 97, wobei die inhaltlichen Korrekturmöglichkeiten bei Beurteilungsbögen und Auswahlrichtlinien (z. B. i.d.R. bei der Personalbeschaffung) zu beachten sind. Auch das Initiativrecht für **interne Stellenausschreibungen** zur Verhinderung von „Vetternwirtschaft" enthält Konfliktpotential (der BetrR kann dies nur generell und nicht isoliert im Einzelfall fordern, ferner ist der ArbG nicht gehindert, zugleich extern z. B. durch ein Inserat in der Tageszeitung zu suchen). Zu erwähnen ist schließlich das **Einblicksrecht** des Mitarbeiters in die eigene **Personalakte** (die Betriebsratsmitglieder dürfen dies auch in fremde tun, allerdings nur im Kontext einer amtlichen Aufgabenwahrnehmung).

Sehr wichtig in der derzeitigen Umbruchsituation mit Rationalisierungs-Anstrengungen und Personalabbau ist die **Mitbestimmung** bei **personellen Einzelmaßnahmen** und die logischerweise sehr detaillierte **Rechtsprechung** zu § 99. Sie ist nur in Betrieben mit mehr als 20 Beschäftigten, nicht aber beim Betriebsobmann (5 - 20 ArbN = § 9) gegeben. Unterrichtungspflicht und Widerspruchsmöglichkeit gibt es nicht nur bei Dauer-Vollzeitbeschäftigten, sondern auch bei Teilzeit- sowie befristet Beschäftigten (Aushilfen) und bei Leiharbeitnehmern (§ 14 III AÜG). Werden ArbN einer Drittfirma im Rahmen eines Werkvertrages beschäftigt, greift § 99 dagegen nicht.

Die Zustimmungs-Verweigerungsgründe des BetrRs sind wegen der Einschränkung der unternehmerischen Freiheit gem. Art. 14 GG enumerativ (abschließend) in § 99 Abs. aufgezählt. Aus der Ziffernfolge werden hier nur 3 und 4 behandelt, die andern werfen kaum Konfliktpotential auf.

4. Einstellung neuer Mitarbeiter § 99 II Ziff. 3

Bei Ziff. 3 handelt es sich um den (im Arbeitsalltag häufigen Fall), dass der BetrR gegen eine Einstellung von draußen zu Gunsten eines Internen interveniert. Logischerweise wählt der ArbG zunächst einmal alleine nach seinen Qualifikationskriterien die(en) Neue(n) aus und legt seine Entscheidung dann dem BetrR zur „Absegnung" vor. Er muss dies erst anlässlich der **tatsächlichen Eingliederung** in den Betriebsablauf, nicht schon bei Abschluss des Arbeitsvertrages tun. Allerdings ist er gut beraten, dieses Hindernis **vor** den Vertragsschluss auszuräumen. Wie schon oben ausgeführt, bleibt nämlich individual-rechtlich die **Wirksamkeit** eines evtl. geschlossenen Arbeitsvertrages vom Widerspruch des BetrRs **unberührt**, was zu der misslichen Konsequenz führen kann, dass der ArbG bei Unterlassen der Unterrichtung das BetrR vor Abschluss des Arbeitsvertrages in der Falle sitzt: **Trotz nicht-beschäftigen-könnens** ist das vertragliche Entgelt zu zahlen!

Die durch „Tatsachen begründete Besorgnis" für das Vorliegen von **Nachteilen** ist argumentativ an hohe Hürden gekoppelt, wie das im Gesetz aufgeführte Beispiel: „... dass durch die personellen Maßnahme **im Betrieb beschäftigte** Arbeitnehmer gekündigt werden" erkennen lässt. Der BetrR muss in seinem schriftlichen Widerspruch Fakten und Daten anführen, worin solche Nachteile konkret für den ArbN bestehen und warum sie gerade ihn treffen werden. Vage Angaben oder Szenarien ohne überwiegende Wahrscheinlichkeit ihres Eintritts reichen ebenso wenig wie das nackte Wiederholen des Gesetzeswortlauts. Als Nachteile kommen nur **echte Substanz-Verluste** infrage (gesetzliches Beispiel: Kündigung). Das Ausbleiben eines „für sich erhofften Vorteils" wie z. B. der Verlust einer Beförderungs-chance, reicht nicht aus.

Fall: „Der gefährdete Aufstieg des Herrn Hopp": AR-11.8 B

> Sie beabsichtigen, Frau Kerner, eine junge diplomierte Betriebswirtin, einzustellen, und zwar als Ersatz für den bisherigen Gruppenleiter der Arbeitsgruppe „Logistik/ Weiße Ware", der aus Altersgründen ausscheidet. Deshalb informierten Sie den Betriebsrat schriftlich über dieses Vorhaben und baten ihn um Zustimmung.
> Inzwischen hat der Betriebsrat diesem Plan unter Berufung auf § 99 Abs. 2 Nr. 3 BetrVG widersprochen: die beabsichtigte Personalmaßnahme gefährde die Aufstiegschance des langjährigen und besonders erfahrenen Gruppenmitglieds Herrn Hopp, einem gelernten Industriekaufmann.
>
> *Frage: Ist der Widerspruch berechtigt?*

5. Versetzung im Betrieb Beschäftigter § 99 II Ziff. 4

Bei Ziff. 4 handelt es sich um den (im Arbeitsalltag ebenfalls häufigen) Fall, dass der BetrR interveniert, weil der **Betroffene** einen **Nachteil** erleidet, z. B. durch

- ungünstige(re) Arbeitszeiten, -bedingungen

- verlängerte Anfahrtszeiten zum Arbeitsplatz

- höheren Aufwand, insb. Fahrtkosten

- materielle Einbußen (z. B. Wegfall von übertariflichen Zulagen)

Damit ist Ziff. 4 der Standard-Zustimmungsverweigerungsgrund bei einer **Versetzung** gegen den Willen des ArbNs. Eine **Legaldefinition** findet sich in § 95 Abs. 3. In Abgrenzung zur nicht mitbestimmungspflichtigen *Um*setzung (z. B. Job Rotation, Zuweisung einer anderen Schicht = Indiz Wechsel der betrieblichen Kostenstelle) ändern sich bei einer Versetzung die Arbeitsumgebung und/oder Bezugspersonen sowie die betriebliche Einbindung.

Der § 95 Abs. 3 enthält zwei **Alternativen**:

a) Eine erhebliche **Änderung der Umstände**, unter denen die Arbeit zu leisten ist

    Beispiele:
-     Aus seiner normalen Arbeitsumgebung kommt der ArbN in Arbeitsbedingungen mit starker Emissionsbelastung wie Staub, Hitze, Nässe.
-     Der Umfang der Tätigkeit ändert sich: Die Aufgaben von 2 Planstellen werden auf eine zusammengelegt

b) Ein(e) **neue(r) Arbeitsaufgabe**, -inhalt und/oder ein anderer Arbeitsplatz. Zeitlich einschränkend gilt dies aber nur für die *nicht vorübergehende* (= voraussichtlich über 1 Monat dauernde) Maßnahme

-     Zuweisung eines anderen Arbeitsbereichs (Tätigkeitsinhalt, Budget-/Personalverantwortung)
-     Veränderung des Tätigkeitsorts (Arbeitsplatz in einer anderen Filiale oder Niederlassung). Ein Arbeitsplatz in einer neuen Abteilung (z. B. Forschung statt Produktion)

Wichtig ist die Einschränkung im Gesetzeswortlaut von § 99 Abs. 2 Ziff. 4, dass die personelle Maßnahme ausnahmsweise dann hingenommen werden muss, wenn die Nachteile „aus betrieblichen Gründen gerechtfertigt" sind. Neue technische Verfahren sowie eine Anpassung der eingesetzten Arbeitsmittel an den **Rationalisierungsfortschritt** als Gebot der Wirtschaftlichkeit sind daher als überlebensnotwendig im Konkurrenzkampf vom ArbN **hinzunehmen** und kein Widerspruchsgrund.

Eine doppelte Hürde entsteht dadurch, dass die Versetzung des einzelnen ArbN auch individualrechtlich durch eine entsprechend weit gefasste **Versetzungsklausel** im Arbeitsvertrag und damit vom Direktionsrecht des ArbGs (Auslegungsproblem) gedeckt sein muss. Umgekehrt präjudiziert die persönliche Einwilligung des von der Versetzung Betroffenen nicht die Zustimmung des BetrR nach § 99. Dem Missbrauch wäre hier Tür und Tor geöffnet, da häufig die individuelle Zustimmung angesichts der grassierenden Angst um den Arbeitsplatz auch mit individueller „Überzeugungsarbeit" erreicht werden könnte. Kompliziert ist die **vorübergehende** Abordnung aus einem Betrieb in einen anderen **über** einen Monat Dauer. Diese ist eine Einstellung für den aufnehmenden BetrR und eine Versetzung für den abgebenden, das bedeutet in der Praxis **doppelte** Zuständigkeit und Zustimmungspflichten.

Einzelheiten des **Widerspruchverfahrens** am Beispiel „Einstellung"

Abbildung 31: Reaktionsmöglichkeiten § 99 BetrVG.

Hervorzuheben ist, dass der BetrR mit einem inhaltlich plausiblen und formgerechten Widerspruch die Einstellung bzw. die Versetzung **blockieren** kann. Die Reaktionsfrist beträgt 1 Woche. Besteht der ArbG auf der Maßnahme und will sie unbedingt umsetzen, muss er die Initiative ergreifen und beim Arbeitsgericht die Ersetzung der Zustimmung beantragen (§ 99 Abs. 4). Damit ergibt sich ein wesentlicher Unterschied zum Widerspruch gegen die Kündigung (s.a. bei § 102). Das gemäß §§ 100, 101 mögliche einstweilige Verfügungsverfahren bei Einstellungen bzw. Versetzungen von existentieller Bedeutung bzw. größter Eile ist aufwändig und risikoreich. Die Maßnahme ist gem. Rechtsprechung nur **„aus sachlichen Gründen dringend erforderlich"**, wenn ansonsten **„irreparable Dauerwirkungen"** entstehen. In der Praxis greift man in diesem Fall daher auf andere Wege zur vorübergehenden Deckung des Personalbedarfs, wie Einsatz von Leasingkräften zurück.

Auskunftspflichten des ArbGs
Der BetrR kann die Gelegenheit zur Einsichtnahme in die üblichen Bewerbungsunterlagen (nicht Vergütung und Arbeitsvertragstexte) aller in der Auswahlkonkurrenz verlangen. Dies bezieht sich gegebenenfalls auch auf alle eingegangenen Azubi-Bewerbungen. Dazu kann er mündliche oder schriftliche Auskünfte (i.d.R. mit Online-Formular) über die Person einholen d.h.:

- soziale Umstände des Betroffenen

- Anforderungen des vorgesehenen Arbeitsplatzes

- Umfeld am neuen Arbeitsplatz, ggf. neue Kollegen und Folgewirkungen für diese

Soweit **Leitende Angestellte** (§ 5 III) betroffen sind, besteht nach § 105 nur eine **Mitteilungspflicht** (kein Mitbestimmungs-, d.h. Blockaderecht) bei Einstellungen oder Veränderungen in ihren Aufgabenbereichen etc. Der nach dem Sprecherausschussgesetz bei 10 oder mehr Leitenden Angestellten im Betrieb zu bildende Sprecherausschuss hat nur Anhörungs- und Beratungsrechte.

6. Kündigung § 102

Das **Widerspruchsrecht** des BetrR findet sich in § 102 und ist grundlegend anders ausgestaltet als oben in § 99. Es errichtet eine **2. Hürde** neben der sozialen Rechtfertigung nach dem KSchG. Generell kommt eine Kündigung nach Ablauf der Probezeit individualrechtlich nur (§ 1 II KSchG) aus **3 Gründen** in Frage (siehe Abbildung 17). Auch in § 102 gibt es eine **abschließende Aufzählung** der Widerspruchsgründe.

Der **Katalog** zulässiger Argumente ist in Anlehnung an **§ 1 KSchG** formuliert:

1. Der Arbeitgeber hat die Sozial-Auswahl nicht vorgenommen oder die Abwägungsgesichtspunkte verkannt

2. Es gab einen Verstoß gegen interne betriebliche Auswahlrichtlinien, die z. B. in einer Betriebsvereinbarung festgehalten sind

3. Die Weiterbeschäftigung des zu Kündigenden an einem anderen Betriebs-Ort unternehmensweit wäre möglich (d.h. eine Versetzung als milderes Mittel wäre machbar)

4. Die Weiterbeschäftigung des zu Kündigenden auf einem neuen Arbeitsplatz nach vorheriger Umschulung, Fort-, Weiterbildung ist denkbar

5. Die Weiterbeschäftigung unter verschlechterten Vertragsbedingungen (insb. Gehaltsreduktion) wird vom ArbN akzeptiert (Abbildung 18: Änderungskündigung)

Das Fehlen eines Kündigungsgrundes generell oder die Weiterbeschäftigungsmöglichkeit am **selben** Arbeitsplatz ist <u>kein</u> Widerspruchsgrund für den BetrR, wohl aber eine Grundlage für eine Kündigungsschutzklage durch den Betroffenen. Die Gründe für das Widerspruchsrecht des BetrR zielen ganz überwiegend auf eine **betriebsbedingte Kündigung** durch den Arbeitgeber ab. Bei personen- oder verhaltensbedingten Kündigungen ist nur das gänzliche Unterlassen einer Einschaltung des BetrR als Verstoß gegen die Mitbestimmung zu werten. Wegen § 102 (Abs. 1 letzter Satz) führt dies aber ohnehin zur Nichtigkeit, ohne das ein Widerspruch erforderlich wäre.

In der Praxis der Kündigungen wendet sich der Betriebsrat meistens gegen die erfolgte Sozialauswahl (§ 102 Abs. 3 Ziff.1 „**wen** trifft es") und nicht „**ob**" überhaupt betriebsbedingte Gründe (vgl. dazu oben: Abbildung 21) vorliegen.

Die **Kriterien für die Sozialauswahl** bei betriebsbedingten Kündigungen in § 1 KSchG sind wie in Kapitel 1 III bereits erläutert, 2004 stark eingeschränkt worden. Statt der früher im Gesetz aufgeführten wenig greifbaren „sozialen Gesichtspunkte" zu denen von der Rechtsprechung z. B. auch allgemeine gesundheitliche Beeinträchtigungen gezählt wurden, dürfen nun **allein die Dauer der Betriebszugehörigkeit, das Lebensalter, die Unterhaltspflichten und eine etwaige Schwerbehinderung des Arbeitnehmers** eine Rolle spielen. Damit korrespondierend sind die Chancen des Betriebrats, mit dem Argument einer von falschen Kriterien geleiteten Sozialauswahl durchzudringen, gesunken. Der ArbG verfährt hier i.d.R. nach einer Punkteskala. Das BAG hält die Aufstellung in einer neueren Entscheidung für mitbestimmungspflichtig, kritisch ist insbesondere die darauf aufbauende Aussage, dass der Betriebsrat dem Arbeitgeber die Anwendung von Schemata für die Sozialauswahl solange verbieten kann, bis der Betriebsrat zustimmt. Will ein Arbeitgeber der Mitbestimmungspflicht künftig entgehen, muss er sich jeglichem "Handeln nach Grundsätzen" bzw. Systematik enthalten, was wegen der allgemeinen Grenzziehung aus den Gleichbehandlungsgrundsatz wiederum die Arbeitgeber-Aussichten bei Kündigungsschutzklagen minimiert.

Es bleibt das Argument einer **anderweitigen Beschäftigungsmöglichkeit** an einem anderen freien Arbeitsplatz im selben Betrieb oder in einem anderen Betrieb des Unternehmens (§ 102 Abs. 3 Ziff. 3). Prüfrahmen ist also das gesamte eigene Unternehmen (dieselbe juristische Person des Arbeitvertragspartners). Eine anderweitige konzernweite oder Auslandsverwendung muss also nicht geprüft werden. Der **Betriebsrat** muss in seinem Widerspruch („mit Tatsachen begründet") eine anderweitige Beschäftigungsmöglichkeit mit plausibler Argumentation dartun, dann ist es Sache des **Arbeitgebers** nachzuweisen, dass diese Beschäftigungsmöglichkeit in Wahrheit **nicht infrage** kommt. Die Verpflichtung zur Weiterbeschäftigung bezieht sich nur auf einen freien Arbeitsplatz, d.h. die Freisetzung eines darauf befindlichen ArbNs kann nicht gefordert werden.

Was für den Arbeitgeber **zumutbare Umschulungs- und Fortbildungsmaßnahmen** i.S. des weiteren Widerspruchsgrundes (§ 102 Abs. 3 Ziff. 4) sind, ist vom BAG immer enger interpretiert worden. Hier ist der erforderliche finanzielle Aufwand aber auch der intellektuelle Hintergrund des Arbeitnehmers (und damit die Erfolgsaussichten) bzw. das Lebensalter (d.h. die noch mögliche Amortisation des Aufwands) zueinander ins Verhältnis zu setzen.

Gibt es nur einen Arbeitsplatz mit **ungünstigeren Arbeitsbedingungen** hat der Arbeitgeber diesen von sich aus dem Arbeitnehmer anzubieten und ihm eine Überlegungsfrist von einer Woche einzuräumen, sonst ergibt sich das Widerspruchsrecht aus § 102 Abs. 3 Ziff. 5.

Form und Vorgehen bei Kündigungen

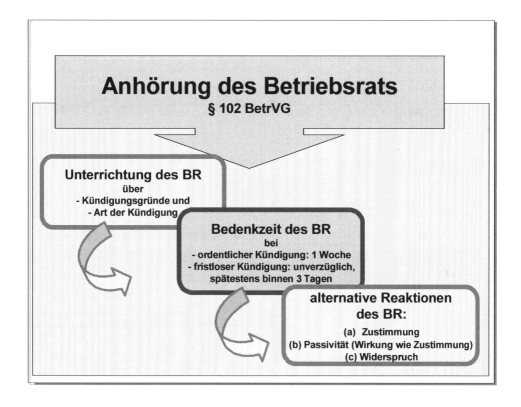

Abbildung 32: Anhörung des BetrR nach § 102

Das Mitbestimmungsverfahren beginnt mit einer umfassenden **Unterrichtung** des BetrR durch die Personalabteilung über:

- die Art der Kündigung (ordentlich/außerordentlich)

- den auslösenden Kündigungsgrund

- die Angabe von Umständen, dem Zeitpunkt und eine Angabe von Zeugen falls es sich um eine verhaltensbedingte Kündigung handelt

Der Arbeitgeber muss die Kündigungsgründe so konkret darstellen, dass der Betriebsrat ohne zusätzliche eigene Nachforschungen in die Lage versetzt wird, die **Stichhaltigkeit der Kündigungsgründe zu prüfen** und sich über die Stellungnahme schlüssig zu werden. Pauschale, schlagwortartige Angaben genügen insoweit nicht. Typischerweise wird sich der Betriebsrat anschließend bemühen, die Hintergründe insbesondere durch eine Befragung des

Kündigungskandidaten aufzuhellen. Spricht der Arbeitgeber **mehrere** aufeinander folgende **Kündigungen** gegenüber demselben Arbeitnehmer aus, muss der Betriebsrat **zu jeder einzelnen Kündigung angehört werden** (häufig bei groben Vertragsverstößen: Zuerst wird in der Erregung eine fristlose Kündigung ausgesprochen, später nach Überlegung eine ordentliche nachgeschoben). Ein späteres **Nachschieben** von Gründen ist für **dieses** Verfahren **nicht** mehr **möglich**, rechtfertigt aber u.U. eine spätere neue Kündigung, die aber ihrerseits frist- und formgerecht sein muss (Kündigungsfrist). Eine Anhörungspflicht besteht auch bei einer **Änderungskündigung** nach § 2 KSchG.

Konsequenzen

Abbildung 33: Widerspruch des Betriebsrats nach § 102 - Folgen -

Zur Entgegennahme von Erklärungen, die dem Betriebsrat gegenüber abzugeben sind, ist der **Vorsitzende des Betriebsrats** oder im Fall seiner Verhinderung sein Stellvertreter berechtigt § 26 Abs. 2 S. 2 BetrVG. Dieser beruft eine Sitzung ein, in der der Fall beraten und anschließen **per Mehrheitsbeschluss entschieden** wird (§ 33 Abs. 1 BetrVG). Der Betriebsratsvorsitzende (oder Stellvertreter oder Ausschussvorsitzende) leitet den mit Gründen versehenen und von ihm unterzeichneten Beschluss an den Arbeitgeber weiter.

Der Betriebsrat hat seinen Beschluss vor Ablauf der sog. Widerspruchsfrist (auch „Überlegungsfrist", „Anhörungsfrist" genannt) von einer Woche dem Arbeitgeber zuzustellen (§ 102 Abs. 2 BetrVG). Lässt er diese Frist verstreichen, so gilt sein Verhalten als Zustimmung zur Kündigung (**Vorsicht** bei der **Laufzeitberechnung**! Beginn: § 187 / Ende: § 188 BGB). Bezieht sich die Anhörung auf eine **fristlose Kündigung**, so soll der Betriebsrat **unverzüglich** reagieren, spätestens jedoch innerhalb von 3 Tagen. Eine Kopie der Stellungnahme des Betriebsrats hat der Arbeitgeber dem Mitarbeiter zusammen mit der Kündigung zuzuleiten.

Der Betriebsrat hat folgende Optionen:

- **Schweigen**: Der Betriebsrat verhält sich passiv (er ist nicht verpflichtet, zu der beabsichtigten Kündigung Stellung zu nehmen). In der Praxis signalisiert er auf diese Weise, dass er gegen die Kündigung keine Bedenken hat.
  Die Wirkung: Das Schweigen des Betriebsrats während der Widerspruchsfrist gilt als Zustimmung zur Entlassung (§ 102 Abs. 2 S. 2 BetrVG).

- **Zustimmung**: Der Betriebsrat kann ausdrücklich zustimmen. Diese Reaktion kommt in der Praxis selten vor, wohl aber dann, wenn zuvor der Betriebsrat die Entlassung eines betriebsstörenden Arbeitnehmers verlangt hat (§ 104 BetrVG).

- **Widerspruch**: Der Betriebsrat kann einem Kündigungsvorhaben förmlich widersprechen unter Berufung auf einen oder mehrere der in § 102 Abs. 3 BetrVG abschließend aufgeführten Widerspruchsgründe oder auch andere Bedenken anmelden. Der **BetrR** muss hier **Tatsachen** schriftlich vortragen, die § 102 Abs. III Ziff. 1 - 5 ausfüllen (Schlüssigkeitsprüfung). Es zählt keine bloße Wiederholung des Gesetzestextes oder die pure Verwendung von Floskeln.

Trotz des Widerspruchs oder sonstiger Bedenken des Betriebsrats kann der Arbeitgeber also **wirksam** kündigen! Außer bei völligem **Unterlassen** (§ 102 Abs. 1) hängt die **Rechtswirksamkeit** der Kündigung also **nicht** von der Anhörung des Betriebsrats ab. Der Widerspruch löst nur **einstweilige**, aber keine endgültig Blockadewirkung aus. Bei § 102 bleibt es dem **ArbG** (anders als bei § 99, dort ist er an der Durchführung der Maßnahme **gehindert**) freigestellt, trotz des Widerspruchs **einseitig** die **Kündigung aussprechen**.

Eine gerichtliche Nachprüfung der Rechtmäßigkeit der Kündigung hängt allein von der Initiative des betroffenen Arbeitnehmers ab, d.h. ob der Betroffene binnen 3 Wochen eine Kündigungsschutz**klage** gegen die Kündigung nach **§ 4 KSchG einreicht. Unterlässt** er dies oder versäumt er die kurze Frist, steht **fest**, dass das Arbeitsverhältnis mit Ablauf der Kündigungsfrist (§§ 621 ff. BGB) **endet**.

Dennoch erlangt der gekündigte Arbeitnehmer im Falle eines förmlichen Widerspruches (wohlgemerkt: nicht bei geäußerten bloßen Bedenken!) des Betriebsrats einen **bedeutenden Vorteil**: Der Arbeitgeber muss den gekündigten Arbeitnehmer bis zum rechtskräftigen Abschluss des Kündigungsschutzprozesses bei unveränderten Arbeitsbedingungen **weiterbeschäftigen**, falls der Arbeitnehmer Kündigungsschutzklage erhebt und er die Klage mit einem Antrag auf Weiterbeschäftigung verbindet (§ 102 Abs. 5 S. 1 BetrVG **Weiterbeschäftigungsanspruch**). Hat der Betriebsrat **keinen** Widerspruch eingelegt (oder gibt es keinen BetrR), kommt es darauf an, wie das **Arbeitsgericht** in 1. Instanz entscheidet. Gewinnt hier der ArbN, hält die aufschiebende Wirkung wie oben bis zur 3. Instanz (ergibt sich nicht aus dem Gesetz sondern der BAG–Rechtsprechung → Großer Senat). Die Lage des ArbN ist allerdings misslich, wenn das Urteil nicht mehr während der Laufdauer der Kündigungsfrist kam, sondern erst danach ergeht (Hat er inzwischen einen neuen Arbeitsplatz? Möchte er zurück in das Unternehmen?).

Der ArbG kann u.a. bei unzumutbarer wirtschaftlicher Belastung vor dem Arbeitsgericht beantragen, ihn durch einstweilige Verfügung von der **Weiterbeschäftigungspflicht** zu entbinden § 102 Abs. V S. 2.

Ein Sonderfall der Mitbestimmung sowohl bei Kündigung als auch Versetzung von **Betriebsratsmitgliedern** findet sich in § 103. Die außerordentliche Kündigung (ordentliche ohnehin nicht möglich § 15 KSchG) oder die Versetzung ohne sein Einverständnis, die zu einem Verlust des Amtes oder der Wählbarkeit führen würde, bedarf der mehrheitlichen Zustimmung des Betriebsrats.

7. Mitbestimmung in sozialen Angelegenheiten § 87 (Auswahl)

Bei § 87 handelt es sich um das **"Herzstück der Betriebsverfassung".** Er enthält einen Katalog mitbestimmungspflichtiger Angelegenheiten. Kommt hierüber eine Einigung mit dem Betriebsrat nicht zu Stande, ist die Einigungsstelle einzuschalten (§ 76 = mit einem Externen als Vermittler). Ihr Spruch ersetzt dann die eigentlich fällige Betriebsvereinbarung (§ 87 Absatz 2). Man hat häufig vorkommende Sozialkonflikte aus dem Betriebsalltag in die Gesetzestexte aufgenommen. Vor allem die Mitbestimmung in sozialen Angelegenheiten spiegelt die gegensätzlichen Interessen der Sozialpartner bei der Gestaltung von Arbeitsumgebung und Arbeitsbedingungen wider. Erfahrungsgemäß handelt es sich um besonders problematische Konfliktfelder. Die Aufzählung ist **erschöpfend:** Der Arbeitgeber **muss sich nur hier** auf eine Zwangsschlichtung einlassen. Er kann es **freiwillig** allerdings auch in anderen Bereichen (§ 88). Meist wird das Ergebnis der Einigung in einer Betriebsvereinbarung (§ 77) festgehalten. Die Mitbestimmung steht unter dem **Vorrang** einer **höheren Norm** (Einleitungssatz); d.h. wenn ein Sondergesetz bzw. Tarifvertrag Regelungen zwingend festlegt, ist ein Spielraum für die Mitbestimmung nicht mehr gegeben. Allgemein gilt, dass nur Maßnahmen mit **generellem Charakter** (überindividuelle Ordnung) mitbestimmungspflichtig sind (z. B. nicht Bonusgewährung an einen ArbN auf Grund einer singulären Leistungsanstrengung).

Nicht mitbestimmungspflichtig sondern Ausfluss des Direktionsrechts sind **Arbeitsanweisungen,** d.h. wie eine arbeitsvertraglich geschuldete Leistung generell oder im Einzelfall auszuführen ist.

Fall: „Bitte mit Vornamen!": AR-11.6 B

Als Geschäftsführer ordnen Sie gegenüber allen Sacharbeitern an, dass zukünftig bei den Unterzeichnungen aller Geschäftsbriefe auch der Vorname zu verwenden sei. Der Betriebsrat widerspricht.

Frage: Ist die Anordnung dennoch wirksam?

Ziff. 1 Ordnung des Betriebes, Überwachung u. Kontrolle durch Personen

Mit dieser Regelung wird Schutz vor Ausbeutung und Bevormundung (frühere „Arbeitsord-nungen" kannten sklavische Arbeitsbedingungen) durch Vorgesetzte oder Überwachungs-personal bezweckt. Klassische Felder sind die innere soziale Ordnung des Betriebes:

- Torkontrollen und Leibesvisitationen

- Kleiderordnung und Vorgaben für das Aussehen (z. B. Hosenverbote für Frauen, Bartverbote für Männer)

- Ordnung für das Verhalten auf dem Betriebs-/Werksgelände (z. B. Werks-Ausweis, An- und Abmeldung, Krankmeldung)

- Rauchen und Alkoholgenuss

- Radio hören und singen

Fall „Hanseatisch dezent mit Krawatte": AR-3.1 D

> Als Personalleiter im traditionsreichen hanseatischen Exporthaus Abel + Iversen missfällt Ih-nen, dass einige junge Herren das Kontor in Polohemd oder T-Shirt betreten. Deshalb ordnen Sie per Rundschreiben für alle männlichen Mitarbeiter „gepflegte Kleidung mit dezenter Kra-watte" an.
>
> *Frage: Ist der Betriebsrat mit einzubeziehen ?*

Selbst wenn sich der Betriebsrat im Konsens mit dem ArbG auf Betriebsvereinbarungen ein-lässt, ergeben sich **Inhaltsgrenzen** aus dem Grundgesetz (Art. 1 GG Menschenwürde, Art. 2 GG Handlungsfreiheit, Art. 4 GG Meinungs- und Religionsfreiheit).

Fall „Das Kopftuch und der Koran": AR-9.7 H (leicht verändert)

> Fatime G., eine langjährige Mitarbeiterin in der Parfum-Abteilung des Kaufhauses Müller, ist kürzlich zum Islam übergetreten. Seitdem trägt sie das nach dem Koran für Frauen vorge-schriebene Kopftuch. Das Kaufhaus Müller befürchtet negative Reaktionen bei ihrer Kund-schaft auf ein derart auffälliges Bekenntnis zu einer Religion. Als sich Frau G. auch nach einer förmlichen Abmahnung weigert, auf das Kopftuch zu verzichten, kündigt ihr das Kaufhaus mit Zustimmung des Betriebsrats.
>
> *Frage: Geht das?*

Das Mitbestimmungsrecht nach Ziff. 1 erstreckt sich auch auf **Betriebsbußen-Ordnungen**, die aufgestellt werden, um Verhaltens- und Ordnungsvorschriften durchzusetzen (Parkver-bot, Pflicht zum Helmtragen).

Der Mitbestimmung unterliegt auch die Verhängung einer Betriebsstrafe im Einzelfall. Wie oben bereits vermerkt, ist aber **nicht** die **Abmahnung** mitbestimmungspflichtig, da es hierbei um den Inhalt der geschuldeten Arbeitspflicht geht. Als Folge des **Gesetzes**- und Tarif-**Vorrangs** aus dem Einleitungssatz besteht keine Mitbestimmung bei Fehlen eines Gestaltungsspielraumes auf Grund einer vorangehenden Regelung, z. B. beim Rauchverbot aus der Gefahrstoff-Verordnung bei explosionsgefährdeten Anlagen oder Zugangssicherungsmaßnahmen für das Rechenzentrum nach § 9 Bundesdatenschutzgesetz.

Ziff. 2 und 3 Beginn, Ende, Verteilung der Arbeitszeit

Die **Verteilung**, das System (z. B. Gleitzeit- oder Schichtarbeit, AZ-Konten) sowie die Funktionsmechanismen (z. B. Ausgleichszeiträume, Saldenbegrenzung) der konkreten betrieblichen Arbeitszeitregelung sind mitbestimmungspflichtig. **Nicht** erwähnt in § 87 ist die **Dauer** der Arbeitszeit, weil hier einerseits der Tarifvorrang aus § 77 III greift, da diese Frage regelmäßig im Branchen-TV geregelt ist, andererseits das **Arbeitszeitgesetz** (ArbZG) vorgeht.

Höchstarbeitszeit

Die werktägliche Höchstarbeitszeit beträgt 8 Stunden (unabhängig vom Status als einfacher Arbeitnehmer oder als Führungskraft). Sie kann auf **10 Stunden verlängert** werden, wenn innerhalb von 6 Kalendermonaten oder innerhalb von 24 Wochen im Durchschnitt 8 Stunden werktäglich nicht überschritten werden (§ 3 ArbZG). Zu den Werktagen zählt auch der Samstag. Die wöchentliche Höchstarbeitszeit beträgt also **48 Stunden**. (Die durchschnittliche tägliche Arbeitszeit, auf die 5 Tage-Woche gerechnet: 48/5 = 9 Stunden und 36 Minuten). Eine **andere Verteilung** ist durch Tarifvertrag oder in einer Betriebsvereinbarung möglich, etwa Montag bis Donnerstag 10 Stunden, Freitag 8 Stunden. 10 Stunden dürfen dabei nur in extremen Ausnahmefällen bzw. einer Sondergenehmigung (§ 14 ff. ArbZG) überschritten werden

Pausen

Die Arbeit ist bei einer Arbeitszeit von 6 bis 9 Stunden durch eine mindestens halbstündige **Pause** zu unterbrechen; bei einer längeren Arbeitszeit muss die Pause mindestens 45 Minuten betragen. Die Pausen können in Zeitabschnitte von mindestens 15 Minuten aufgeteilt werden (§ 4 ArbZG). Pausen sind gemäß § 4 ArbZG im Voraus feststehende Arbeitsunterbrechungen, also **keine Phasen** mehr oder weniger zufälligen **Leerlaufs**. Während dieser besteht keine vollständige Dienstbefreiung, die nach der Rechtsprechung entscheidendes Kriterium für die Ruhepause ist. Selbst Pausen, die einen anderen Zweck haben wie etwa Bildschirm- oder Lärmpausen zählen nicht als Ruhepause, sondern als Arbeitszeit. Für schwangere und stillende Frauen sind die Grenzen in § 8 Mutterschutzgesetz, für Jugendliche in § 11 Jugendarbeitschutzgesetz enger gesteckt.

Ruhezeit

Das ist die arbeitsfreie Phase zwischen **Ende** der letzten und **Beginn** der neuen Arbeitszeit, die gemäß § 5 ArbZG mindestens **11 Stunden** innerhalb einer Periode von 24 Stunden dauern muss. Unterschiedliche Auffassungen gibt es zu der Frage, ob in dieser Zeit Arbeit zu Hause für das Unternehmen in geringem Umfang zulässig ist. Sonderregeln gelten hier für Krankenhäuser bzw. andere Pflegeeinrichtungen sowie unter Umständen auf Grund tarifvertraglicher Regelungen. Nach dem Urteil des Europäischen Gerichtshofs kann es mit Einführung der Eigenverantwortung für die zeitlichen Festlegungen nur noch darum gehen, den Beschäftigten Hilfestellung zu geben, damit sie selber dieses Problem bewältigen, also die jeweils individuell richtige Ruhezeit einhalten können

Sonntag / Feiertag / Ersatzruhetag

Das Arbeitsverbot an Sonn- und Feiertagen aus § 9 ArbZG gilt von 0 bis 24 Uhr und lässt sich ohne generellen Ausnahmetatbestand nach § 10 ArbZG (z. B. Gaststätten, Verkehrsbetriebe) bzw. **Ausnahmegenehmigung** der Aufsichtsbehörde nach § 13 Abs. 2 ArbZG auch bei Kooperation der Mitarbeiter nicht aushebeln. Die Vorschrift schützt neben den Beschäftigten selber auch die Sonntagsruhe ihrer Mitmenschen. Mag dies auch antiquiert und im europäischen Maßstab im Wettbewerb nachteilig sein, handelt es sich doch (noch?) um geltendes Recht. Wenn der Beschäftigte auf diesen Schutz dadurch individuell verzichtet, dass er am heimischen Arbeitsplatz tätig wird, hindert § 9 ArbZG ihn daran nicht. Wer doch ausnahmsweise am Sonntag arbeiten muss, hat Anspruch auf einen **Ersatzruhetag**. Das ist irgendein freier Werktag, der innerhalb der darauf folgenden zwei Wochen zu nehmen ist. Das kann auch ein sowieso freier Tag, also etwa ein Samstag sein.

Aufzeichnung und Dokumentation

Das ArbZG benennt in § 3 als regelmäßige tägliche Höchstarbeitszeit 8 Stunden. Zwar sind auch zehn Stunden zulässig, diese **Überschreitungen** müssen aber gemäß § 16 Abs. 2 ArbZG **aufgezeichnet und zwei Jahre** lang aufbewahrt werden. Damit soll der Aufsichtsbehörde ermöglicht werden, zu kontrollieren, ob das ArbZG tatsächlich eingehalten worden ist. Die Verpflichtung zur Aufzeichnung ist eindeutig, zumindest bei langen Arbeitszeiten haben die Betriebe hier keinerlei Spielraum.

Ziff. 3 Mehrarbeit

Wichtig ist die Beteiligung des BetrRs nach Ziff. 3 bei **Mehrarbeit** (wenn die individuelle Arbeitszeit die im Arbeitsvertrag vereinbarte = Teilzeit bzw. tariflich festgelegte bei Vollzeit übersteigt). Mitbestimmungspflichtig ist diese nur, soweit sie **voraussehbar** und **steuerbar** ist (also z. B. nicht „zu Ende arbeiten" bei plötzlicher Kundennachfrage oder bei Notdienstarbeiten). Auch die Kehrseite (Anordnung von Kurzarbeit im Falle von Auftragsmangel) ist mitbestimmungspflichtig. Das Mitbestimmungsrecht des Betriebsrats erstreckt sich nicht auf das während der verkürzten oder verlängerten Arbeitszeit zu zahlende Entgelt: In welchem Umfang verlängerte Arbeitszeit (extra mit Mehrarbeitszuschlag?) zu bezahlen ist, richtet sich nach dem Arbeitsvertrag. Auch das "Abfeiern" von auf dem Arbeitszeitkonto angesammelten

Mehrarbeitsstunden ist nicht mitbestimmungspflichtig, sondern eine Frage, die individuell zwischen Arbeitgeber und Arbeitnehmer geregelt wird.

Ziff. 5 Urlaub

Das Mitbestimmungsrecht besteht zunächst bei **allgemeinen Urlaubsgrundsätzen,** das heißt Regelungen, die festlegen, wer nach welchen Grundsätzen vor welchen anderen Arbeitnehmern Vorrang bei der Wahl freier Tage genießt, beziehungsweise welcher Rhythmus einzuhalten ist (z. B. Einflüsse von Familienstand oder dem Vorhandensein schulpflichtiger Kinder). Das Mitbestimmungsrecht ist aber auch bei der Festsetzung der zeitlichen Lage des Urlaubs für den **einzelnen Arbeitnehmer** gegeben, wenn es darüber zwischen ihm und dem Vorgesetzten zu keinem Einverständnis gekommen ist.

Ziff. 6 Technische Überwachungseinrichtungen

Über den Wortlaut des Gesetzes hinaus sind die Einführung und Anwendung technischer Kontrolleinrichtungen (z. B. Diebstahlsicherungen) **schon** dann mitbestimmungspflichtig, wenn sie zur Disziplinarüberwachung **lediglich geeignet**, nicht aber vom Verwender genau dafür gekauft und mit Absicht eingesetzt sind. Der Unterschied ist wichtig zum Beispiel bei der Kamera-Überwachung in Kaufhäusern, die ja in erster Linie die Kunden und erst in zweiter Linie die Mitarbeiter kontrollieren sollen. Dasselbe gilt für Personalinformations-systeme (HR-Modul von SAP). Aus dem gleichen Grund ist die Ausstattung des Versicherungs-Außendienstes mit Notebooks (die in erster Linie als **Informationsbasis** für Preise, Konditionen, Versicherungsbedingungen etc. angeschafft werden) mitbestimmungspflichtig; schließlich lässt sich auch die Anzahl der Kundenkontakte und die Häufigkeit und Qualität der Kundenberatung mit ihrer Hilfe leichter ermitteln. Auch die Umorganisation einer kundennahen Vertriebsabteilung (Bank-Wertpapierberatung) von herkömmlicher face to face-Beratung in ein Call- Center fällt nach Meinung des BAG unter § 87 I Ziff. 6. Kontrollmaßnahmen durch **Personen** fallen dagegen unter Ziff. 1. Soweit Fahrtenschreiber etc. in LKWs und Bussen vorgeschrieben sind, gilt wieder der gesetzliche Vorrang, der keinen Raum für Mitbestimmung lässt.

Ziff. 8 Sozialleistungen

Bei betrieblichen **Altersversorgungssysteme**, Werks-Verpflegung, -Kindergarten etc. ist nicht **"ob"** überhaupt, sondern **"wie"** die überlassenen Mittel verwendet werden, mitbestimmungspflichtig.

Abbildung 34: Mitbestimmung bei betrieblichen Sozialleistungen

In den mitbestimmten Bereich fallen auch die **Form** (rechtliche Gestaltung insb. juristische Selbstständigkeit), **Ausgestaltung** (Nutzerkreis, Leistungsumfang, Anspruchshöhe) und die **Verwaltung** von Einrichtungen, die über abgesonderte Mittel zur Haushaltsbewirtschaftung verfügen. Der **"Dotierungsrahmen"** bleibt dagegen dem ArbG **allein** vorbehalten, d.h. er kann auch die Mittel ganz streichen und mit dieser Drohung als letztes Mittel, Änderungen in seinem Sinne durchzusetzen. Wenn eine Sozialeinrichtung eine eigene juristische Organisation hat (z. B. Pensionskasse), müssen geschäftsführende und Aufsichts-Organe paritätisch besetzt werden.

Ziff. 10 betriebliche Entgeltgestaltung insb. über- und außertarifliche Zulagen

Die Gewährung von **außer**- und **übertariflichen** Entgeltbestandteilen, wie z. B. Leistungs**zulagen** ist dann und soweit mitbestimmungspflichtig, als der Zahlung ein **Plan** ("Verteilungsgrundsätze") zugrunde liegt. Leistungen, die nur individuell im Einzelfall „nach Gutdünken" verteilt werden, lösen keine Mitbestimmungspflicht aus. **Ob** der ArbG überhaupt Zulagen zahlt, **wie viele Mittel** er hierfür bereitstellt (Dotierungsrahmen) ist wie bei Ziff. 8 **mitbestimmungsfrei**. Also sind lediglich die **Verteilungsprinzipien** mit dem Betriebsrat abzustimmen. Prinzipiell gilt das gleiche auch umgekehrt bei Widerruf, Einziehung, Verrechnung bislang gezahlter AT- /ÜT- Bestandteile. Folgt der Arbeitgeber einem generellen Plan, ist der Betriebsrat einzuschalten, ist die Auswahlentscheidung von patriarchalischen Überlegungen des Einzelfalles geprägt (Paradebeispiel: Bonus), kann er individuell ohne Beteiligung entscheiden. Allerdings wandelt der Arbeitgeber auf einem schmalen Grat: Ist seine Widerrufsentscheidung unsachlich und diskriminierend, verstößt er gegen Art. 3 GG (ArbN-Gleichbehandlungsgrundsatz). Bei Kürzungen in Form der **Verrechnung mit generellen Tarifanhebungen** (fällt weniger auf, Nettoentgelt bleibt konstant oder steigt sogar um einen Restbetrag!), ist zu unterscheiden: Wird das bisherige Zulagenvolumen **völlig aufgezehrt**, kann der ArbG allein handeln.

Der Betriebsrat ist einzuschalten, wenn

a) überhaupt ein Entscheidungsspielraum jenseits des TV Mindestentgelts verbleibt, also ein freiwilliges betriebliches Zulagensystem erhalten bleibt

b) unter Nutzung dieses Spielraumes ArbN-Gruppen oder Belegschaftsteile nach definierten Grundsätzen unterschiedlich behandelt werden sollen.

Fall: „Freiwillig 100 Euro pro Nase": AR-11.6 D

In diesem Jahr sind Sie mit dem Betriebsergebnis überaus zufrieden und kündigen deshalb an, jedem Belegschaftsmitglied 100 Euro zusätzlich mit dem Weihnachtsgeld zu überweisen. Der Betriebsrat behauptet, darüber müsse vorher mit ihm verhandelt werden.

Frage: Ist das richtig?

8. Mitbestimmung zur Erhaltung von Arbeitsplätzen

Das BetrVG ist, wie oben schon erläutert, in den Grenzen der Eigentumsgarantie des Grundgesetzes (Art. 14) zu interpretieren. Danach kann es **keine Mitbestimmung** i.e.S. (Blockade) bei Personalabbau aus Anlass von **Rationalisierungsmaßnahmen, Unternehmensschließungen, -fusionen** oder **Outsourcing bzw. Auslandsverlagerungen** geben. Diese setzt erst später bei den Umsetzungsmaßnahmen zu Lasten **einzelner** Betroffener ein. Vorbeugung vor einer Überrumpelung in Unternehmenskrisen bietet die - im Prinzip weit reichende Unterrichtungspflicht - im **Wirtschaftsausschuss** (§ 106 bei mehr als 100 Beschäftigten). Das Problem ist die Fähigkeit der Mitglieder (i.d.R. Betriebsratsmitglieder der Gewerblichen und Tarifangestellten) zum Interpretieren von Controllingkennzahlen und zur Bilanzanalyse. Sinnvoll ist das Gebrauchmachen von der Möglichkeit nach § 107 I S. 2, auch sachverständige Leitende Angestellte nach § 5 III als ArbN-Vertreter zu berufen. Nach § 110 ist auf den Betriebsversammlungen und in sonstiger geeigneter Weise (Werkszeitschrift, Intranet) auch die **Betriebsöffentlichkeit** regelmäßig zu informieren. Das Betriebsverfassungsgesetz kennt darüber hinaus aber eine Anzahl von Vorschriften, die den ArbG dazu bringen sollen seine Pläne **frühzeitig** offen zulegen und zu diskutieren:

- § 92 Einführen u. Diskutieren über sämtliche Aspekte der Personalplanung
  = Bestandsaufnahme, Quantitative Wirkungen

- § 92a Initiativen zur **Beschäftigungssicherung**, Ideen und Alternativen z. B. zum Outsourcing diskutieren

- § 97 II **Initiativrecht für Qualifizierungsmaßnahmen** wenn neue technische Anlagen, Arbeitsverfahren und Arbeitsabläufe oder Arbeitsplätze **geplant** sind und dies dazu führt, dass sich die Tätigkeit der betroffenen Arbeitnehmer ändern wird bzw. ihre beruflichen Kenntnisse und Fähigkeiten zur Erfüllung ihrer Aufgaben nicht mehr ausreichen.

Nach dem Motto „Arbeitsplatzsicherheit heißt (heute nur noch), persönlich jederzeit einen neuen finden zu können" ist der Betriebsrat gut beraten, besonderen Wert auf Maßnahmen der Berufsaus- und -weiterbildung (§§ 96, 97, 98) zu legen. Hier hilft auch das Arbeitsamt nach dem SGB III verstärkt mit „Transfer"-Hilfen, d.h. das Arbeitsamt zahlt schon vorher, falls Arbeitslosigkeit droht und nicht erst wenn dies eingetreten ist. Nach § 96 haben ArbG und BetrR Maßnahmen der **Berufs(aus)- und -weiterbildung** zu fördern. In diesem Rahmen sind Einrichtung und Ausstattung zu beraten. Bestimmte Programme und Einrichtungen aufzubauen und vorzuhalten oder quantitative sowie qualitative Ausstattungsdetails können jedoch nicht erzwungen werden. Die **Durchführung** unterliegt nach § 98 der erzwingbaren Mitbestimmung, soweit es sich um generelle Fragen handelt (nicht welcher Azubi zu welchem Ausbilder geschickt wird). Danach sind die formalen Bestimmungen über Ablauf der Maßnahme einschließlich der Prüfungen mitbestimmungspflichtig. Bei der **Auswahl der Teilnehmer** besteht unter dem Gesichtspunkt der Wahrung der Chancengleichheit ein echtes Mitbestimmungsecht (§ 98 III), wenn ArbN freigestellt werden und der ArbG die Kosten trägt und zwar sowohl für interne als auch externe Veranstaltungen. Die **Teilnahmevoraussetzungen** (z. B. nur Facharbeiter) muss der ArbG nach § 97 I zwar beraten, kann sie aber danach allein festlegen. Sind zuviel Bewerber gemeldet oder bleiben Durchführungsgesichtspunkte umstritten, entscheidet nach Abs. 4 die Einigungsstelle. Nach § 98 II gibt es ein

Widerspruchsrecht bei der **Berufung** bzw. ein Abberufungsrecht gegen Ausbilder, Referenten bzw. externe Dozenten; allerdings kann dies nur zweckgebunden mit (zu beweisenden) Argumenten geltend gemacht werden, die deren Eignung betreffen. Nicht mitbestimmungspflichtig sind unternehmensbezogene **Informationsveranstaltungen**, z. B. Abteilungsmeetings mit Produktvorstellungen oder Erläuterungen zum Einsatz neuer Verfahren und/oder Techniken (Abgrenzung: Nützt das Thema nur intern oder qualifiziert es auch für extern?).

9. Mitbestimmung während Personalabbaumaßnahmen

Wichtig aus Sicht der Personalabteilung ist die Einhaltung des **ultima ratio** Prinzips: Vorgehen nach dem Prinzip des mildesten Mittels (Entlassungen so wenig und spät wie möglich). Die Gründe dafür sind:

- Gesellschaftliche Verantwortung (Arbeitslosigkeit)

- Wirtschaftliche Vernunft (Rufschädigung bei börsennotierter AG = z. B. AEG Elektrolux)

- Kostenrisiko (Sozialplanpflicht § 112)

- Prozessrisiko des Unternehmens aus Kündigungsschutzklagen

Die personelle Mitbestimmung setzt erst später bei den **Umsetzungsmaßnahmen** zu Lasten einzelner Betroffener ein:

- Räumliche oder funktionale Versetzung §§ 99/95 III

- Änderungskündigung § 1 u. 2 KSchG. Rechtlich ist darunter die Kündigung des bestehenden Arbeitsverhältnisses, verbunden mit dem Angebot zum Abschluss eines neuen Arbeitsvertrages zu geänderten schlechteren Bedingungen, zu verstehen.

- Der ArbG bietet häufig - zur Vermeidung eines Rechtsstreits - der Stammbelegschaft einen **Aufhebungsvertrag** an. Eine Anhörung des Betriebsrats nach § 102 BetrVG ist nicht erforderlich.

Wenn Personalabbau auch innerhalb der Stammbelegschaft erforderlich wird, sollte die Reihenfolge bei **Einzelkündigungen** nach § 1 III KSchG wie folgt aussehen:

1. Verhaltensbedingte Gründe
2. Personenbedingte Gründe
3. Betriebsbedingte Gründe

10. Massenentlassungen/Sozialplan (Abschluss, Inhalte)

Die Frage, ob noch zufällig zusammentreffende bzw. strategisch verzögerte „Einzel-Entlassungen" vorliegen oder schon von einer **Massenentlassung** gesprochen werden muss, hat weitreichende Konsequenzen. Sie ist anzeigepflichtig bei der zuständigen Agentur für Arbeit (§ 17 KSchG, eine Stellungnahme des BetrR ist beizufügen). Diese kann eine Sperrfrist von 1 – 3 Monat(en) verhängen (§ 18 KSchG). Außerdem ist der Begriff Massenentlassung (den logischerweise die Arbeitnehmer öfter reklamieren) in der Praxis Ausgangspunkt für die Frage, ob der Betriebsrat einen **Sozialplan** fordern und **erzwingen** kann.

Für die Sozialplanpflicht ist zu unterscheiden:

a) Ob eine **Betriebsänderung** mit wesentlichen Nachteilen für die Beschäftigten vorliegt §§ 111, 112 beschreiben eine **Um-/Reorganisation** durch neue technische Verfahren, Betriebseinschränkungen, -änderungen, -verlagerungen und -fusionen, die eine Verringerung der Beschäftigtenzahl mit sich bringt. In diesem Fall ist **ohne Quantitätsgrenzen** immer ein Sozialplan abzuschließen.

b) Ob **allein** ein **Personalabbau** aus betrieb(swirtschaft)lichen Gründen mit einer großen Anzahl von Entlassungen vorliegt

§ 112a besagt vereinfacht ausgedrückt folgendes: Es müssen im Regelfall 10 % der Belegschaft (i.E. dezidierte Staffelung) nach der „im allgemeinen kennzeichnenden" Unternehmensgröße auf Grund eines „einheitlichen Entschlusses" betroffen sein. Eine geschickte **zeitliche Streckung** der Beendigungswirkungen über einen längeren Zeitraum (Faustformel: Entlassungspausen über 3 Monate dazwischen) **verhindert** demnach die Sozialplanpflicht. Sie gilt ohnehin nicht für ein innerhalb von 4 Jahren neu gegründetes Unternehmen (§ 112a II Satz 1).

In die Berechnung der Quantitätsgrenzen gehen nicht nur betriebsbedingte Kündigungen sondern auch solche aus personen- und verhaltensbedingten (aber keine außerordentlichen) Beendigungsgründen sowie **Aufhebungsverträge** ein. Beide Arten von Sozialplänen sind über die Einigungsstelle erzwingbar (§ 112 Abs. II-IV), der Präsident des Landesarbeitsamtes muss vermitteln. Der Sozialplan ersetzt nicht die Sozialverträglichkeitsprüfung aus § 1 KSchG in jedem einzelnen Kündigungsfall im Rahmen der Mitbestimmung des Betriebsrats nach **§ 102 BetrVG**.

Der **Sozialplan** enthält in der Praxis einen **Interessenausgleich**, d.h. Maßnahmen zur sozialverträglichen Bewältigung der nichtmateriellen Nachteile aus Versetzungen, Arbeitsinhalts- u. Tätigkeitswechseln etc. Gegenstand der Betriebsvereinbarung (§ 112 I) sind vor allem *interne* Weiterbildungsmaßnahmen und Eingliederungshilfen. Die Einhaltung kann individuell beim Arbeitsgericht eingeklagt werden (§ 113). Der Sozialplan bezweckt ferner einen Ausgleich bzw. Milderung der **wirtschaftlichen** Nachteile, die dem ArbN infolge der geplanten Betriebsänderung entstehen (§ 112 I S. 2 und V Nr. 1), vor allem bei Arbeitsplatzverlust auf Grund betriebsbedingter Kündigungen. Gegenstand der Betriebsvereinbarung sind **Abfindungen** und Ausbildungs- bzw. **Schulungsmaßnahmen** für den *externen* Arbeitsmarkt. Meßlatte für Art und Ausmaß der Forderungen ist einerseits § 112 IV Ziff. 1 u. 2, andererseits Ziff. 3, also sind im Einzelfall Nachteilsausgleich für den ArbN und der Fortbestand des Unternehmens miteinander in Einklang zu bringen. Nach §§ 254 ff. Sozialgesetzbuch III kann sich die Agentur für Arbeit finanziell an den Eingliederungsmaßnahmen beteiligen, obwohl die Betroffenen ja noch einen Arbeitsplatz haben (Transfer-Sozialplan).

III. Grundzüge Arbeitsgerichtsbarkeit

Die Arbeitsgerichtsbarkeit ist **eine besondere zivilrechtliche Gerichtsbarkeit**, bei der grundsätzlich die Vorschriften der Zivilprozessordnung anwendbar sind. Aufbau der Gerichte und Ablauf der Verfahren ergeben sich aus dem Arbeitsgerichtsgesetz; das gilt ebenso für Besonderheiten, die sich aus dem „Gegenstand des Arbeitsrechts", herleiten (z. B. beim vorläufigen Rechtsschutz). Als Verfahren gibt es das Urteilsverfahren (vorwiegend im Individualarbeitsrecht) und das Beschlussverfahren (z. B. im BetrVG).

Die Arbeitsgerichtsbarkeit ist **dreistufig** aufgebaut; sie besteht aus

- den Arbeitsgerichten mit Kammern, (§§ 14 - 31)

- den Landesarbeitsgerichten mit Kammern, (§§ 33 - 39) und

- dem Bundesarbeitsgericht mit Senaten (§§ 40 - 45).

	Arbeitsgericht	**Landesarbeitsgericht**	**Bundesarbeitsgericht**
Urteilsverfahren	Eingangsgericht 1. Instanz	Berufung 2. Instanz	Revision, Sprungrevision 2./3. Instanz
Besetzung des Gerichts	Vorsitzender ist Berufsrichter + 2 ehrenamtliche Laienrichter	Vorsitzender ist Berufsrichter + 2 ehrenamtliche Laienrichter	Vorsitzender und 2 Berufsrichter + 2 ehrenamtliche Laienrichter

Nur hier (und vor den Familiengerichten) besteht die Besonderheit, dass dem eigentlichen Prozesstermin eine „Verhandlung vor dem Vorsitzenden zum Zwecke der **gütlichen Einigung** der Parteien" vorausgeht (§ 54 ArbGG). Kommt es nicht zu einer Einigung (z. B. durch einen Prozessvergleich), wird die streitige mündliche Verhandlung möglichst an einem Termin durchgeführt und zu Ende gebracht. Dabei werden die Parteien persönlich sowie die benannten Zeugen und ggf. Sachverständige zur Sitzung geladen. Kündigungsschutzprozesse, bei denen es um den Bestand des Arbeitsverhältnisses geht, sind vorrangig zu terminieren und zu entscheiden. Gegen Urteile des Arbeitsgerichts ist **Berufung** (Überprüfung des Urteils in tatsächlicher und rechtlicher Hinsicht) zum LAG zulässig, wenn sie zugelassen worden ist oder der Beschwerdewert über 600 € liegt (§ 64 Abs. 2, 3 ArbGG). Gegen die Urteile des LAG ist „Revision" (Überprüfung des Urteils in rechtlicher Hinsicht) zum BAG möglich, wenn sie vom LAG zugelassen ist oder das BAG einer Nichtzulassungsbeschwerde stattgegeben hat (§ 72 Abs. I ArbGG). Die ehrenamtlichen Richter stammen je zur Hälfte aus Kreisen der ArbN und der ArbG (§ 6). Sie werden für 5 Jahre berufen und von den Gewerkschaften und Arbeitgeberverbänden vorgeschlagen (§ 20 ArbGG). Die ehrenamtlichen Richter beim BAG werden vom Bundesarbeitsminister berufen (§ 43 ArbGG).

Prozessvertretung

Vor dem Arbeitsgericht können die Parteien den Prozess grundsätzlich selbst führen, d.h. sie können, müssen sich aber nicht vertreten lassen (ArbN z. B. durch ihren Rechtsanwalt oder Gewerkschaftsjuristen, ArbG vor allem durch den Arbeitgeberverband). Beim LAG müssen sie sich durch Anwalt oder Gewerkschaft bzw. Arbeitgeberverband vertreten lassen; beim BAG besteht Anwaltzwang (§§ 11 u. 11a ArbGG).

Verfahrenskosten

Kostenvorschüsse werden nicht erhoben (§ 12 IV 2); die Gerichtskosten sind niedriger als bei der ordentlichen Gerichtsbarkeit. Beim gerichtlichen oder dem Gericht mitgeteilten Vergleich fallen für die betreffende Instanz keine Kosten an. Im Beschlussverfahren werden keine Gerichtskosten erhoben (§§ 12 ArbGG). Siehe im Einzelnen die Anlagen 1 und 2 zu § 12 ArbGG.

Kosten der Parteien

Die obsiegende Partei hat in der ersten Instanz im Urteilsverfahren keinen Anspruch auf Kostenerstattung für den Prozessbevollmächtigten und für eigene Zeitversäumnis. Die Parteien zahlen ihre Anwälte selber; Gewerkschaften und Arbeitgebervereinigungen gewähren i.d.R. kostenlos Rechtsschutz (§ 12a ArbGG). Im betriebsverfassungsrechtlichen Beschlussverfahren trägt der ArbG auch die Kosten des Betriebsrates. Die sachliche **Zuständigkeit** der Arbeitsgerichtsbarkeit ergibt sich aus den §§ 2, 2a und 3 ArbGG. Es wird von Amts wegen frühzeitig in der 1. Instanz und für das weitere Verfahren verbindlich geklärt, ob der Rechtsweg zu den Arbeitsgerichten oder zur allgemeinen Zivilgerichtsbarkeit eröffnet ist (teilweise schwierig z. B. hinsichtlich der Frage, ob jemand überhaupt ArbN ist) und welches Verfahren Anwendung findet (Beschluss oder Urteil) §§ 48 I ArbGG u. 17 ff. Gerichtsverfassungsgesetz. Die **örtliche** Zuständigkeit ist in der Regel durch Wohn-/Geschäftssitz des Beklagten determiniert, bzw. durch den Ort, an dem das Arbeitsverhältnis gewöhnlich abgewickelt worden ist.

Stichwortverzeichnis

Die Ziffern beziehen sich auf die Buchseiten
Hauptfundstellen sind durch fett formatierte Ziffern hervorgehoben